Thinking Maps

Thinking Maps

思 維 導 圖

楊瑜君、萬玲——著

有 意 識 地 思 考

MIND
MAPPING

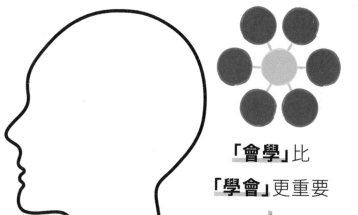

「會學」比
「學會」更重要

前言 學會有意識地思考

　　現今社會的升學、就業競爭異常激烈，想必每一位置身於其中的家長，都不會忽視對孩子的教育。

　　「教育」是什麼？英文的「education」來源於拉丁文「e-ducere」，是「lead out」或「bring out」（帶出、激發出）的意思，它強調知識的獲得，是一個由內而外的探索發現過程，而不是從外到內的搬運灌輸。

　　這些年親歷美國教育方式，深切體驗到這個「由內而外」的過程。在我們所觀察到的美國教育體系裡，他們非常重視對孩子思考能力的培養，這種教學思想幾乎滲透到所有的學科中，語文課培養閱讀思維，數學課培養數學思維，科學課培養科學思維，還有大家經常聽到的創造性思維、批判性思維……可以說，「Thinking」是美國教育中最為重要的一環。因為他們相信，良好的思考能力，可以激發孩子由內往外地探索和發現，體現自身價值。

　　所以，比起教學生「思考什麼」（What to Think），美國教育更注重引導孩子學會「如何思考」（How to Think），學會關注、分析自己思考的每一步，是否合理、清晰、合乎邏輯，有沒有遺漏的可能性，或者可以繼續聯想、發散、深掘的地方。為了做到這一點，在整個教學過程中，會推行和使用很多輔助方法和工具，其中最有系統、最具代表性的，無疑就是我們在這本書裡，要和大家探討的思維導圖（Thinking Maps）。

　　思維導圖是一套和我們的思維過程對應的視覺圖形工具，它可以把大腦中原本混沌抽象的思維過程變得具體、直觀，讓孩子「看得見，摸得著」自己的所思所想，從而掌握思維方法和技巧，學會有意識地思考。

和很多美國孩子交流時我能明顯感覺到，他們的思路清晰、能言善道，在很大程度上，是受益於這種長期的思維訓練。想得更周延，自然說得就更有條理。孩子們在課堂上會用思維導圖來整理課堂筆記、記錄知識要點、表達自己的想法、和同學溝通討論……長期反覆的練習，在潛移默化中塑造他們的思維模式，培養他們良好的思考能力，甚至作為觀察者的我們也覺得受益良多。

正是感受到思維導圖訓練對孩子的幫助，我們之前在微信公眾號「東西兒童教育」，和育兒書《聰明的媽媽教方法》中，都有專文分享過這個話題。現在，我們把這幾年的學習心得和應用實踐經驗，都總結在這本書裡，希望能幫助廣大家長、老師了解，並且在日常生活與教學中，能引導孩子使用這套非常傑出的思維工具。

市面上關於思維導圖的書籍不少，但以一個零距離觀察美國課堂的角度，採集第一手實踐教材，提供原汁原味學習實例的書籍並不多見。本書分為五章，循序漸進地闡述以下關鍵點：

- 為什麼需要思維導圖？（Why）
- 什麼是思維導圖？（What）
- 如何使用思維導圖？（How）
- 思維導圖在學科中的應用（Application）
- 思維導圖的延伸應用（Extension）

對孩子來說，解決未來無盡難題的黃金鑰匙，並不是多多儲備知識，而是思考能力。思維導圖可以幫助他們從零開始思考，多角度激發思維活力，更加「會學」，所以面對新知識、新事物時也就更容易「學會」。也許它並不像做幾道數學題或者讀幾本英文繪本那樣，讓我們能立馬看到「成效」，但長期持續練習，將全面提升孩子的思考能力。

家長和孩子一起學習使用思維導圖的過程中，需要特別注意這幾點：

思維導圖絕非「高大上」。它很簡單，簡單到蹣跚學步的孩子都可以使用，也很有效，現在的職場菁英用它也不過時。它是很平民化的、三歲小孩都可以掌握，千萬別被它的名字嚇住了。

思維導圖並不是拿來學的，而是拿來用的。英語課、奧數課，我們去學知識，舞蹈課、游泳課，我們去學技能，而思維導圖不是一門具體的知識或技能，它是一個幫助我們思考的工具。就好比是一支鐵鎚，我們不學鐵鎚是什麼材料做的，只要看到釘子時能想到用它就行。

想讓思維導圖發揮作用，最關鍵的是要養成習慣。因為它並沒有在國內的學校中普及，所以亟須家長的參與。如果孩子在學校不使用，在家裡又沒有得到引導，那麼使用它的習慣恐怕很難養成。這對父母來說是個挑戰，也是個學習的好機會。和孩子一起練習，相互強化，養成使用思維導圖的習慣對父母來說，也會受益無窮。

歡迎你和我們一起開啟孩子們的思考之旅！

CONTENTS

Chapter 2

八大思維導圖，
讓思考「理得清，看得見」

Chapter 5

能想才會做

Chapter 1

決定未來的是思考能力

思考 vs 知識

💡 如何在時代巨變中避免落伍？

「知識就是力量」，這句鏗鏘有力的話，是四百多年前英國哲學家培根提出的。意思是人們掌握的知識越多，對客觀世界的了解就越深刻，改造世界的能力就越強，取得成功的機會也就越多。

但那是一個知識不容易「複製」的時代。經濟水準落後，知識獲取困難且傳播不便。上學讀書的機會不是人人都能擁有，書籍也不容易獲得。大多數的知識以私有形式，保存於少數人的手中。

當時的知識是高貴的、稀有的、嚴肅的。

三百多年後，當書籍走入尋常百姓家，開始漸漸普及時，大家對知識的理解就發生了變化。愛因斯坦剛移民到美國時，已是家喻戶曉，所以一舉一動常常有記者貼身採訪。據說有一次某位記者問他，音速是多少？愛因斯坦搖搖頭表示不知道。記者很詫異，「怎麼會不曉得呢？你不是一流的科學家嗎？」愛因斯坦說：「這些可以在書上查到的東西，我沒有記在腦子裡。」

查閱書本總歸是一件費時費力的麻煩事，如果說愛因斯坦這句話，在當時還略顯輕狂，那放到今天來看，就一點兒也不為過了。

在網際網路時代，大到浩瀚的宇宙天體，小至如何燒菜洗衣，幾乎沒有網路上找不到的知識。我們這一代覺得上網查找資料，已屬方便快速，但孩子們那一代，即將成為或已經是這樣的：

「Hi，Siri，天空為什麼是藍色的？」（Siri 是蘋果的智能管家。）

「Hey，Google，地球有多重？」（Google 是谷歌的智能管家。）

「Alexa，為什麼動物可以走路，植物卻不可以？」（Alexa 是亞馬遜的智慧音箱。）

「小愛，明天天氣如何？」（小愛是小米的智慧音箱。）

有強大數據資料庫和人工智能作後盾的各種產品，已經成為我們身邊一位無所不知、有問必答，而且隨叫隨到的「老師」。這些還僅僅是走入廣大一般家庭的普通配備，在不久的將來，會有更方便的技術，例如 VR（Virtual Reality，虛擬實）的普及。當孩子想探索什麼知識，如艾菲爾鐵塔有多高，將會立馬置身於一個虛擬的場景，坐著直升機俯瞰巴黎，身歷其境去感受。

現有的資訊唾手可得，那未來呢？人工智能正迅速崛起，它不但是會下圍棋的 Alpha Go，還具備超強學習能力和超大儲存容量，且正在侵蝕以前只有人類才能勝任的領域。

IBM 的人工智能醫生沃森，已經在很多國家的醫院服務，比真正的腫瘤科醫師判斷得更迅速、更準確。LawGeex 的人工智能律師可以讀懂文書，並且比人類同行，更快更直接找到其中的法律問題。那是不是意謂，在學校裡苦學多年，才能執業的醫生和律師，也會在一夜之間，被 AI 搶走飯碗？

連醫生和律師都會如此，那還有什麼能讓我們覺得固若金湯，今天有用，明天也一定會有用的東西呢？在這樣的背景下，我們的孩子要學習什麼，才不會被巨變的時代洪流給吞沒呢？

思考將成為更重要的力量

子曰：「學而不思則罔，思而不學則殆。」老祖宗早就提醒我們，只學習不思考就會迷茫，只思考不學習就會倦怠而無所得，學和思是相輔相成、相得益彰。

美國頂級暢銷書作家威廉 • 龐德斯通（William Poundstone），在他的新書《知識大遷移》裡，談到一個古希臘的例子，很有代表性。即古希臘的元老院內，有一種職業叫作「助記員」。他們的工作，就是在元老們辯論的時候，提供辯論者所需的事實。如城裡有多少人口，上個月天氣怎麼樣……諸如此類。

這個職業假如用古希臘語直譯過來，就叫「好記性」。這些人相當於古代的百度、谷歌，專門負責給答案。元老們要辯論政治，真正的競爭在於，他們能向助記員提出什麼樣的問題。從兩者的關係來看，誇張一點說，助記員專責供應知識，元老們則努力思考，不可互缺，彼此結合才能迸發出強大的力量。

而在今天這個知識充盈且獲取便利的時代，「好記性」有高科技代勞，無處不在，對人類個體來說，思考比以往任何時候都更有價值。

澄清一下，並不是說知識就完全不重要了，負責思考的元老們，如果沒有豐富的知識，也根本問不出有價值的問題啊！「雨果獎」得主郝景芳說得很好：「真正的創造力，是在滿滿知識基礎上的靈活思維，肚子裡沒墨水，創意也只是胡思亂想。創造力是知識峰頂的一抹白雪，晶亮靠白雪，高度靠山峰。」

即使在人工智能時代，寬闊的知識基礎和靈活的思維能力，仍然是孩子必備的素質。不過，我們需要用不同的眼光去看待知識，去衡量該積累哪些層面的知識，因此思考就成了更重要的力量。

善於思考的好處

思考，讓學習更高效

你有沒有發現，身邊那些學習能力強，後來發展也不錯的同學，幾乎都有一個共同點，就是特別善於思考。成績好不是因為死讀書，而是學得很「活」。如果考試題目不難，大家的成績也就不會有太大的差別。但只要有一兩道具鑑別度的附加題，或者是競賽級的考試，差距馬上表現出來。

同一個班的孩子，每天上同樣的課，做同樣的作業，為什麼考試成績有高下之分、知識掌握程度有強弱之別呢？

原因是孩子們雖然接收到的知識是相同的，但怎麼篩選、如何加工，每個人吸收後做什麼事，產生的價值是不一樣的。就像同樣的食材，不同的廚師能做出不同品質的菜餚一樣，能否讓知識衍生出更優質的後續發展，將成為決定勝負的關鍵因素。

不少孩子平時只習慣於做「一次性思考」，這其實不算真正的思考，只是接收了老師教授的知識，然後把它一次又一次地套用到作業、測驗題目中，並沒有停下來對學過的東西，進行完整的歸納和分類。這在題型沒有變化、難度沒有加大的考試中，是行得通的。

但只要遇到那些無法立即明白的難題、任務、現象，需要發揮思考能力去尋找，甚至創造答案的情況時，長期缺乏思維訓練的孩子就會很吃虧。而那些善於思考的孩子，他們在平時的學習中，不僅僅滿足於吸收老師傳授的知識，完成交代的作業，還在聽課和練習的過程裡，養成不斷動腦筋，提出新的問題，積極尋找答案的習慣。

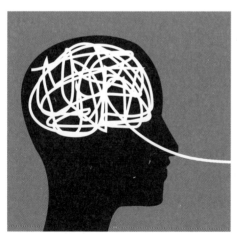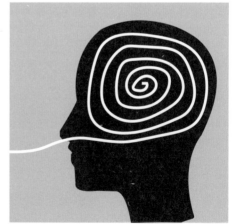

▲ 知識在大腦中的不同儲存方式：左邊混亂，右邊清晰。

知識在他們的思考中已經開始發酵，經過一連串的碰撞和膨脹，成為自身的一部分，所以無論考試如何變換題型、方法，他們也能輕鬆以對。上頁兩個圖形，就可以說明其中的差異。

有些學生大腦裡的知識儲存，就像左邊的圖，零散而混亂；而有些則像右邊的圖，清晰且有條理。思考能力強的孩子，善於對知識進行分類整理、分析聯想，並和腦海裡的舊知識，產生關聯和類比，自然加深了記憶力和理解度。和我們在一個收納整齊的家裡，找東西會很順利類似，當需要把這些檔案「調」出來，例如考試或者解決問題時，同樣也得心應手。

思考，讓我們在知識的宇宙裡更從容

現在是一個資訊爆炸的時代，不是缺乏知識，而是多到滿出來。《知識大遷移》中提到，過去的知識總量比較少，人和知識之間是一種占有關係，占有越多能力越強。但是時代變了，知識總量已經達到任何一個人，用任何一種方式，都無法完全占有的程度，哪怕只是一個冷門的小眾市場。

作者還打了個很形象的比方：過去水很少，而自己這個桶頗大，往空桶裡舀水，當然是裝得越多越好；但現在的水多得像大海，即使裝了滿滿一桶，也起不了什麼作用，所以必須要學會游泳，直接往水裡跳。

學習方式必須改變，比起積累細節的知識點，我們更需要寬廣、多維的知識脈絡，還有快狠準獲取有效資訊的能力，而不是被動地把接收到的一切，都設法倒進自己的桶裡，被它們牽著鼻子走。

良好的思考能力，能讓孩子迅速判斷出哪一種資訊是有用的，什麼是重點，何處是關鍵，哪些需要牢記，哪些簡單了解，等到要用的時候，在網路搜尋一下就可以了。就像愛因斯坦覺得他並不需要記住音速是多少一樣。

思考，讓我們對人工智能還保有些許勝算

以色列天才歷史學家尤瓦爾 · 哈拉瑞（Yuval Noah Harari），在 2017 年年

初出版了《未來簡史：從智人到神人》一書，此書長期雄據《紐約時報》暢銷書排行榜中，書裡談道：「當以大數據、人工智能為代表的科學技術發展到日益成熟，人類將面臨從進化到智人以來最大的一次改變，絕大部分人將淪為『無價值的群體』，只有少部分人能進化成特質發生改變的『神人』。」

這種說法聽起來有點危言聳聽，或者在情感上很難被認同。但下面這點應該是沒有太多質疑的，那就是關於人工智能的新聞會越來越多，人們在一個又一個，曾經只有人類能夠勝任的領域，會接二連三地失守，在和人工智能的較量中敗下陣來。

在學習知識，以及根據固定知識進行例行工作這方面，人類很難和人工智能相抗衡。要避免成為「無價值的群體」，必須具備強大的思考能力。現有的知識適用於解釋過去和當下，而思考能力能讓我們更完善應對不確定的未來。去探索未知，發明創新，做那些從無到有、從 0 到 1 的事情，是我們在面對強大的人工智能時，還能保有的一點勝算。

不同時代對人才的定義，影響著我們對孩子的培養方向。古時「兩耳不聞窗外事，一心只讀聖賢書」；現代需要大量的工程人才，所以「學好數理化，走遍天下都不怕」；但接下來這一代，資訊爆炸，人工智能蓬勃發展，學會思考，才能不被時代淘汰。

那要如何才能學會思考呢？這麼抽象的東西能教、能學嗎？

思維的傳授並不輕鬆，和語文、數學那些劃分清晰、有明確知識點的學科不一樣，思維最大的難度，在於它的定義不夠明確，也很難被感知，且不容易具體融入日常教學中。所以長久以來，整個教育界都在尋求一種合適的方法，讓老師在教學中，不僅能展現給孩子問題解決的方式，還要呈現正確的思考過程，以利他們理解；同時也方便孩子把自己的思考能力表達出來，使老師能觀察並且幫助他們成長。

這個問題終於在 20 世紀 80 年代末找到解答。

幫助思考的工具——思維導圖

💡 思維導圖是什麼？

1988 年，美國教育學博士大衛 · 海勒（David Hyerle），在語義學和認知心理學的基礎上，發明一種用來建構知識、發散思維、幫助學生思考、提高學習能力的可視化工具——Thinking Maps，即思維導圖。

它以腦神經科學為基礎，把人類在思考問題時的八種基本思維，用八個對應的圖示來表達，透過可視化的方法，來引導孩子學習如何思考，以及如何和他人溝通，分享自己的思考結果。思維導圖的八個圖示分別是圓圈圖、氣泡圖、括號圖、樹形圖、雙氣泡圖、流程圖、因果圖和橋形圖。

Circle Map（圓圈圖）——發散思維，放射狀思考和某個話題相關的事物。

Bubble Map（氣泡圖）——描述思維，形容、描繪某個事物的特性特點。

Brace Map（括號圖）——整分思維，對事物進行結構分解。

Tree Map（樹形圖）——分類思維，將事物分門別類。

Double Bubble Map（雙氣泡圖）——比較思維，對比兩個事物間的異同。

Flow Map（流程圖）——順序思維，釐清事物的發展順序。

Multi-Flow Map（因果圖）——因果思維，找出事件發展的前因後果。

Bridge Map（橋形圖）——類比思維，找尋不同事物間的類似和共通之處。

· 八種思維導圖 ·

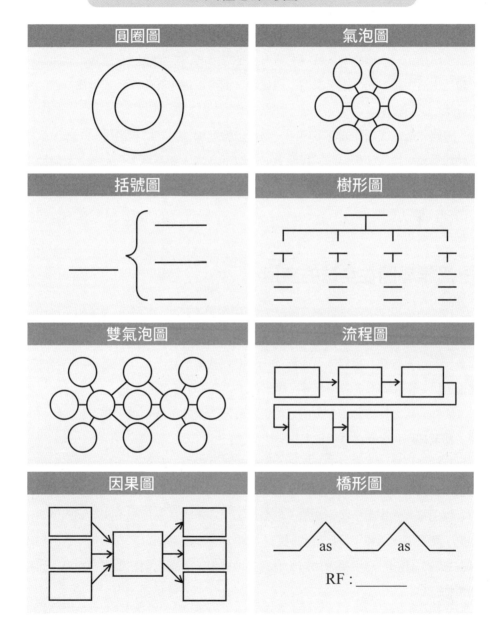

圓圈圖

氣泡圖

括號圖

樹形圖

雙氣泡圖

流程圖

因果圖

橋形圖

as   as

RF :＿＿＿

思維導圖能幫助學習者，把思考的內容和過程呈現出來，記錄是什麼因素影響他最後的分析結果。不僅有益於學生整理知識，理清自己思考的脈絡，還能協助老師了解學生的思考過程，以及對知識的理解情況，找到其可加強之處。可以說孩子掌握了這八種導圖，就等同擁有一把思考的萬能鑰匙。當遇到新問題時，無論是生活中發生的，還是學習中遇見的，都可以選用其中一種或幾種，把問題想清楚、說明白。

因此，這八大類型的思維導圖，很快被搬進課堂，老師藉由這個工具，教孩子如何思考，如何分析自己的思路，如何改進發揮。漸漸地，「思考」這個抽象的概念，也變成一門具體的「課程」，而思維導圖，則被稱為是「學習的語言」（A Language for Learning）。

思維導圖在全球的應用

1992 年，思維導圖推出後不久，就應用在美國紐約、北卡羅來納州、德州、密西西比州等地區的學校中。不僅運用於不同的年級，還出現在不同的課程裡。很多老師會直接把八種導圖做成海報，張貼在教室的牆上，甚至畫在自己穿的圍裙上，以方便在課堂上時時引導、提醒孩子們使用和練習。

因為教學後反應非常好，所以很快就風靡全美乃至全世界。在新加坡和紐西蘭，甚至被列為小學必修科目。

為什麼思維導圖深得老師們的喜愛和推崇？因為這讓他們教得更容易，孩子也學得更輕鬆。

孩子每天會接觸很多新知識，也會冒出很多新想法，這些東西都需要整理和記憶。學習思維導圖，可以幫助他們「看得見，摸得著」自己的所思所想，從而掌握思考方法和技巧，學會如何「有意識地思考」，讓他們在學習新知識、面對新事物時：

・從不愛動腦筋到習慣動腦筋

・從死記硬背到舉一反三

・從學套路到學思路

・從「學會」到「會學」

　　因為在學校裡經常使用，孩子也在不知不覺中，把這種思維習慣帶到日常學習裡；對他們來說，這種做法很普遍，就像我們以前做幾何題畫輔助線一樣，是很自然的一種方法。例如前陣子逃媽家的逃逃準備學區的知識競賽，在研讀科普資料時，就用一張雙氣泡圖，迅速抓住老虎和熊貓之間的異同。

　　目前，美國評分較高的學區，從幼稚園到高中，不管是老師還是管理者，幾乎都在大力推行和使用思維導圖教學。它不僅能訓練孩子的思考能力，還在促進學習方面，發揮很重要的作用。不少老師和家長發現，孩子在學習中習慣使用思維導圖之後，思路更清晰，關鍵知識記得更牢，表達、寫作能力都有顯著提高，自信心倍數增加。

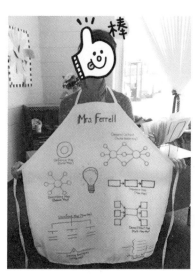

▲ 八種思維導圖的實際運用

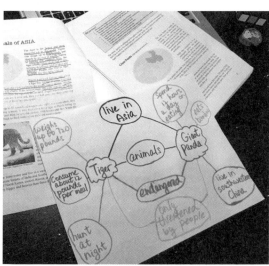

▲ 雙氣泡圖運用舉例

中國對思維導圖的關注比較晚。記得 2016 年年初，我們在微信公眾平台上，介紹分享 Thinking Maps 的一系列文章時，很多讀者朋友還感覺非常陌生。不過在這之後的一兩年內，思維導圖的發展十分迅速，在北京、上海、廣州等大城市，已經從一個新鮮事物，轉化為一些學校的基礎課程，從實驗階段過渡到常規教學階段。

二三線城市雖然在學校教學上還未展開，但不少關注教育的家長，已經提早一步選擇一些線上或一般的培訓課程，或者透過閱讀相關書籍，來熟悉並且引導孩子在日常生活中，使用這套思維工具。

那麼，思維導圖究竟是如何幫助孩子高效思考的呢？

💡 思維導圖讓人「思」半功倍

思維導圖背後的理論根據是「可視化思維」（Visible Thinking）。1967 年，哈佛大學教育學院成立「零點計畫」，志在填補教育上一些近乎空白的領域，其中就包括對思維方式的研究。研究表明，孩子只要掌握一系列可視化思考方法（Visible Thinking Routines），就能培養出良好的思維習慣，提高思考能力。

可視化思維，顧名思義，就是讓思維呈現出來，使它被「看見」。為什麼需要呈現出來呢？

首先，思維是隱形的，不容易被感知和發現，因此傳遞和學習的難度非常大。想像一下上舞蹈課，如果老師只用語言描述舞蹈動作，沒有比劃也沒有示範，那麼無論他講得有多詳細，學生單靠腦補動作的細節是很難學會的。思維也一樣，靠文字表達或語言傳授，有看不見、摸不著的神祕感，但如果我們能夠把思維過程和方法，清晰地「秀」出來，自然就能更容易理解、記憶與運用了。

而且，更重要的是，腦科學告訴我們，人類對視覺訊息具有天生的敏感度。大腦有超過 50% 用來處理視覺訊息，70% 的感覺接收器都集中在眼睛裡，每 1/10 秒就可以理解一個視覺訊息，比消化一段文字要快速得多。

· 視覺訊息的接收與處理過程 ·

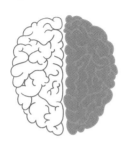

50%

大腦超過 50%用來
處理視覺訊息

70%

大腦 70% 的感覺接
收器都集中在眼睛裡

1/10

大腦每 1/10 秒就可以
理解每一個視覺訊息

　　這種認知經歷了很長的過程。20 世紀 50 年代的科學家們，在談論人工智能時認為，教電腦下棋非常困難，但教它「看」很容易。因為西洋棋對人類來說很難，只有經過長時間大量訓練才可能精通。但「看」卻是易如反掌，即使是什麼都沒學過的小朋友也能「看到」。

　　後來大家也都知道，別說西洋棋，就連變化更多的圍棋，電腦也能輕鬆學會，但仿真人類視覺的技術卻還在探索中。我們的視覺，不僅像照相機那樣能「看到」眼前的畫面，還能像解釋一門語言那樣去理解這個畫面。

　　這種理解比文字、語言來得高效和深刻，就像我們常常說的「一見鍾情」，就是透過視覺傳遞人的第一印象和情感，深入到大腦思維中；平時在網上購物，也會先被漂亮的商品圖片所吸引，然後再慢慢去仔細研究細節；路上很多交通標誌，也是以圖像來表示。

思維導圖的意義

提高記憶力

科學家們按照記憶持續時間的長短,將其分為三類:感覺記憶(Sensory memory)、短期記憶(Short-term memory)和長期記憶(Long-term memory)。

其中短期記憶對孩子的學習能力尤其重要,它是人們在完成認知任務的過程中,將訊息暫存的記憶系統,就像一個「思維的黑板」(blackboard of the mind),能讓我們先寫下來,然後再做處理,或與其他訊息連結,或轉換成新的訊息。所以,短期記憶還有另外一個名稱,叫作工作記憶(working memory),這更加形象化。但它的容量是有限制的,一旦裡面的訊息過多,擁擠不堪,就會讓思考變得非常困難,而且容易出錯。

對應到孩子,就是在學習過程中,將知識暫時儲存的能力。如果能提高工作記憶,很多問題就會迎刃而解,做作業的速度便能加快,正確率也可以提升。而思維導圖對孩子的工作記憶能力,有非常大的幫助。

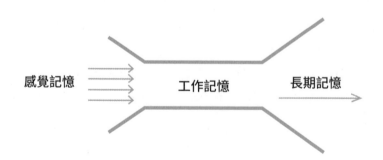

· 從感覺記憶到長期記憶的發展過程 ·

感覺記憶　　　　工作記憶　　　　長期記憶

孩子習慣記錄自己的思維，等於「擴充」了他的工作記憶。

譬如孩子做計算題時，簡單的題目不需演算，就可以直接答出，但當算式變得越來越複雜時，就得在紙上運算了，這就是藉助外部工具，把運算思維「可視化」的過程。

孩子在思考問題時也是一樣，遇到稍微複雜一點的，很容易想到後面就忘了前面，但把思維過程「可視化」後，就不存在這個煩惱了。

思維導圖能養成孩子抓關鍵訊息的習慣。

假設數學老師出了一道題目：實驗小學的環形跑道長 400 公尺，可可騎自行車每分鐘行駛 450 公尺，樂樂跑步每分鐘距離 250 公尺，兩人同時從同地同方向出發，問幾分鐘後可可第一次追上樂樂？

你會發現孩子的反應差別非常大，也許在某些人還想著「是哪家實驗小學啊？為什麼是可可騎車而不是樂樂」的時候，學霸已經給出正確答案。題目很長，可能已經超出孩子的工作記憶容量，而學霸的優勢，在於他能迅速抓住題目的關鍵點，將訊息加以「壓縮」。

題目裡「環形跑道 400 公尺，兩人的速度分別是 450 公尺和 250 公尺，同時從同地同方向出發」，這些是關鍵訊息，至於跑道在不在實驗小學，是可可、樂樂還是歡歡、喜喜，是騎車、跑步還是開車、開飛機都不重要。

抓關鍵訊息的能力和習慣是可以培養的，思維導圖就是很好的輔助工具。像氣泡圖能幫助孩子迅速抓住事物的重要特性；流程圖和因果圖，可協助孩子抓住事件發展過程中的關鍵點、前因後果。得到關鍵訊息，就像萃取出精華，相對擴充了工作記憶。

思維導圖能幫助孩子，把工作記憶裡的內容，放進長期記憶中。

工作記憶的容量不但小，而且還不能存太久，如果不及時處理，就會消失，也就是忘掉。所以，我們必須想辦法，把裡面的東西搬到安全的地方——長期記憶裡去。

・訊息從輸入到輸出的完整過程・

訊息輸入　　短期記憶　　長期記憶　　訊息輸出

有意識地思考

　　怎麼搬呢？想像我們記一個電話號碼，13980807736，該怎麼記呢？第一種辦法是不斷地在心裡默念，直到能條件反射把它說出來為止；另一種方法是讓它和自身既有的知識連結。例如我把這個號碼分成四部分：「139」、「8080」、「77」、「36」；「139」我知道，就是移動（中國移動通信集團）最早那批手機號碼的前三位，「77」是一位好朋友出生年份的後兩位數，「36」是我的幸運數字，這樣，需要「死記」的就只有8080了。

　　串起來記憶並不困難，而且我發現，這樣會記得更加牢固，因為它和我的長期記憶區裡現有的知識建立了連結，透過這些連結，長期記憶區把這個新知識也拉了進去。

　　孩子的學習也類似，我們需要幫助他，養成將新舊訊息聯繫起來的習慣。學生字時，提醒他們聯想自己熟悉的例子，如「光」這個字，是「發光」的「光」，「光明」的「光」，是小時候背誦「床前明月光」的「光」；或是孩子在科普書中，學到熊貓是熊而不是貓的時候，鼓勵他們想想，熊貓和貓或和熊有什麼區別；當孩子學習三角錐的特點時，讓他思考三角錐和立方體有什麼相似和不同。

　　思維導圖能協助孩子快速做出連結和比較，下面是美國小學二年級的數學作業，請用雙氣泡圖來比較三角錐和四方體的異同。

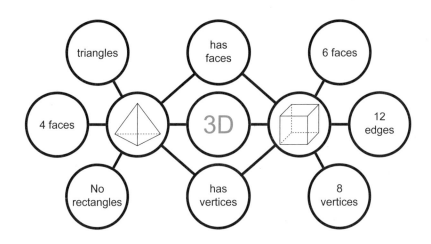

· 用雙氣泡圖比較三角錐與四方體 ·

　　這種做法能讓孩子順利記住正在學的知識，更重要的是，透過不斷練習，讓他們養成聯想比較的習慣，每次碰到新事物的時候，會馬上整理出它和自己原有認知的關聯，也就是把工作記憶裡的東西搬到更安全的地方——長期記憶去。

提高自主學習能力

　　自主學習是孩子內在驅力的表現。其關鍵是讓他們在學習過程中，養成發現問題、分析問題、解決問題的能力，保持好奇心和探索力。如何才能做到呢？天天做，經常練。學習對孩子來說不困難，而且他還能從中感受到樂趣，這樣的狀態才能保持長久，變成習慣。

　　孩子每天接收的資訊很多，良好的思考能力能使他們迅速判斷出，什麼資訊對自己有用，什麼是重點，什麼是關鍵，哪些需要記憶，哪些需要做進一步的分析。從而整理、了解這些資訊，並在其基礎上提出新問題，於發現中得到快樂，在研究中獲取更多知識，於探索中提高自主參與的意識和能力。

　　在各個學科上，思維導圖都是孩子的利器。

如在閱讀課上，老師會引導孩子們用因果圖（Multi-flow Map）來做精讀訓練，幫助他們深入了解故事的前因後果，釐清主要人物的性格特徵，讓孩子體會到閱讀的樂趣。

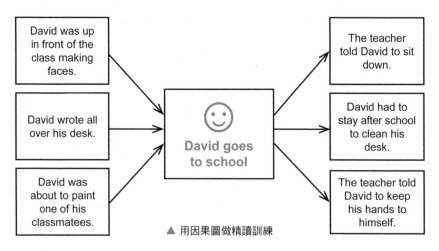

▲ 用因果圖做精讀訓練

在寫作課上，老師引導孩子們用括號圖（Brace Map），來概括如何寫好一封信，了解細節後，寫信不再是一件難事。

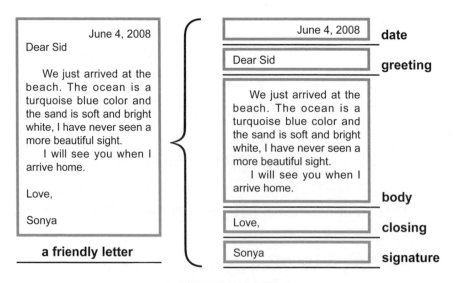

▲ 用括號圖釐清寫信的思路

在數學課上，用樹形圖（Tree Map）來對「加減乘除」四則運算的關鍵詞進行分類記憶，每一則運算所對應的關鍵詞一目了然，在解題時自然更容易理解和運用。

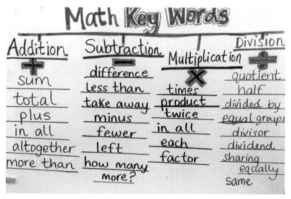

▲ 用樹形圖對四則運算的關鍵詞做分類記憶

孩子長期使用思維導圖並且十分熟悉之後，每次遇到新知識，會很自然地使用這些工具來做整理和思考，在這個過程中，進一步加深對知識的掌握和了解，這讓孩子更有自信，也更願意去接受和探索新的知識，形成一種良性循環和自主學習力。我們常常聽到的學霸，就是這樣一步一步養成的。

提高面對未來挑戰的能力

現代科技發展越來越快，同樣地，教育也需要與時俱進，因此全球主要的國家，都在不斷地推動教育改革，努力培養下一代。2002 年，美國全國教育協會（NEA）、美國教育部、美國在線時代華納基金會、蘋果電腦公司、微軟公司等，倡導成立了 21 世紀學習技能聯盟（United States-based Partnership for 21st Century Skills）。這一聯盟確定了未來培養人才的方向，21 世紀學生最重要的四項學習能力，即是美國核心課程裡所提到的 4C：Communication（溝通）、Collaboration（合作）、Critical Thinking（思辨）和 Creativity（創新）。

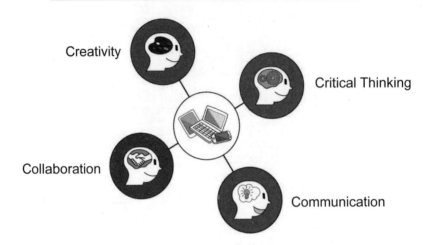

· 4C 能力示意圖 ·

Creativity

Critical Thinking

Collaboration

Communication

　　有良好的社交技能，才能和別人圓融溝通，既可以明確傳達自己的想法，也能清楚領會別人的觀點；有良好的團隊精神，善於和大家合作，才能帶領團隊，或者和隊友一起創造出 1+1>2 的價值；有良好的推理、思維能力，才能讓工作更有效率；有豐富的想像力和創造力，才可能推動科技、社會向前發展。

　　同時擁有這四種能力，才會在未來的競爭中脫穎而出，這在全世界都是一樣的。尤其是當我們的商品遍布全球每一個角落時，當我們的人工智能、生物科學等高科技在領先世界時，我們的孩子也應該具備這種全球視野，而思維導圖正是幫助孩子提高這些能力的不二法門。

溝通表達能力

　　良好的溝通能力並非與生俱來，很多都是透過後天的培養和訓練，才逐漸成形。

　　印象中，似乎美國的孩子都善於表達、侃侃而談，也敢做公開演講，這和他們長期受到的思維訓練有關。思路清楚，自然就能說得流利。美國課堂中，老師

常常會用思維導圖來幫助孩子描述事物，訓練表達能力，看起來很簡單，但往往有神奇的作用，也許這就是孩子從不愛表達到喜歡表達的分水嶺，思維訓練能有效打開孩子的話匣子。

例如下面這個基於思維導圖樹形圖的 Can/Have/Are 圖，分別對應著三個英文單字，Can（能幹什麼）、Have（擁有什麼）、Are（是什麼），非常簡單，但卻幫孩子解決了幾個表達中的大挑戰。

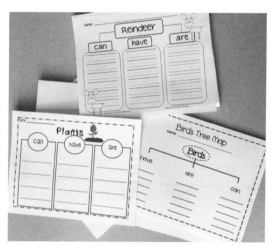

▲ 基於思維導圖樹形圖的 Can/Have/Are 圖

· 第一個挑戰：不知道該講什麼。

老師在使用 Can/Have/Are 圖時，會把它做成一張大大的海報貼在教室裡，類似大人需要有個 PPT 對照著演講，才會比乾講踏實些，因為要講什麼都在 PPT 裡，不會因為一時緊張而忘掉。

· 第二個挑戰：不知道該怎麼講。

Can/Have/Are 圖給了孩子幾個分組思考的角度，他們可以事先做些準備。另外，樹形圖上三個單字 Can、Have、Are 也是幫助孩子組織句子的關鍵，能讓他們的表達更加流暢。

・第三個挑戰：不知道怎樣才算講完。

孩子容易發散思維，不是無話可說，而是太多話想講；但是漫無邊際瞎扯，會離題太遠。那麼，樹形圖就等於給了他一個界限，讓孩子知道，目前只限於和主題相關的這三個分組，講完就結束。

思維導圖的八種類型，分別適用於不同的場景。當需要發揮想像力、需要發散思維時，可以用對應的圓圈圖；當需要條理清晰、邏輯嚴密時，同樣可以選擇與之相對應的導圖。

合作能力

思維導圖除了幫助孩子思考之外，還有一個很大的作用，就是讓他們把這個過程清晰地呈現、分享出來。因為思維已經被完整展示，旁人立馬理解自己的想法，很容易用來說服對方，讓他同意你的見解；又或者可請對方幫忙檢查確認，協助你繼續深掘和改進。

把思維清楚表達，然後進行討論、修正，最終讓這個方案能被準確無誤地執行，這將使一個團隊的合作效率非常高效，因為合作就是建立在透明、公平的基礎上。

思辨能力

思辨能力，也稱批判性思維，是美國常春藤盟校錄取學生時，非常看重的能力之一。批判性思維並不等同於標新立異，為了質疑而鑽牛角尖質疑，它的真正含義在於獨立思考，不滿足於聽信一個既成的答案，而是透過分析去尋找能說服自己的答案。

流程圖、雙氣泡圖、因果圖等，都是幫助孩子分析問題的好工具。培養他們質疑和求證的習慣，不輕易接受既有結論，而是會進一步調查更完整全面的事實，對問題進行的發展順序、事物間的對比關係、事件發生的前因後果等進行深入思考，評估問題的深度、廣度以及邏輯性，從而得出自己的見解和判斷。

創造力

有創造力的人，總能在大家忽略的角落裡，找出驚喜，呈現新意。而這種創造力，在學習過程中，乃至進入社會之後，都是一種實力和競爭力。我們常說創造力源自發散思維和想像力，這兩項孩子並不缺乏。但他們的思維比較零散，沒有系統，常常是天馬行空，既找不到重點也尋不著目標，這會讓他們漸漸失掉發散、想像的興趣。

例如圓圈圖，常常用來指引孩子做系統性、目標性地發散思維。如思考所有和「蘋果」相關的事物，畫兩個圓圈，內部的小圈是限定發散的中心話題，外面的大圈是所有和中心話題有關的事物，既給了孩子充分的思維靈活性，也限制了他思考的目標和範圍，讓他不會漫無目的亂想一通。在思考過程中，孩子發現自己能列出那麼多和中心話題有關的事物，自然非常有成就感。

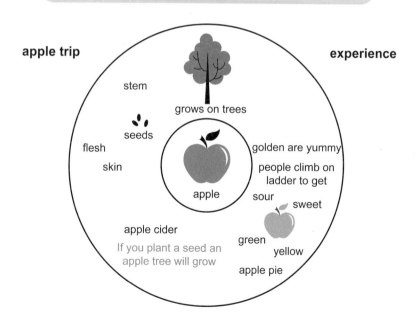

· 用圓圈圖做發散性思維示例 ·

apple trip   experience

stem

grows on trees

seeds

flesh   golden are yummy

skin   people climb on
                                              ladder to get

                                              sour   sweet
apple

apple cider   green
If you plant a seed an   yellow
apple tree will grow
                                         apple pie

創造力聽起來有點抽象，但它是可訓練、可培養的。經常做這樣的練習，可以讓孩子對發散性思考更自信，也更有興趣。每一個發散，都打開他們另一個思考事物的新維度，當已習慣尋找和探索的過程，自然也能激發孩子的創造力。

　　這個世界上，沒有什麼比思考更加虛無，也更有力量。懂得提問，懂得思考，懂得質疑和論辯，懂得獨立表達，懂得尋找解決方案，這些是我們希望孩子能夠透過教育資源獲得的能力，也是面對快速發展的社會，以不變應萬變的法寶。只有獨立思考，獨立探索和表達，才可能有獨立創新的意願和能力。

　　未來需要的不是「各方面都很優秀，但沒有什麼想做的事」的學生，而是「具有創造激情，強烈地想要解決各種問題」的領導者。

　　接下來，讓我們從每一種思維導圖開始，腳踏實地地培養思考能力。

2

八大思維導圖，
讓思考「理得清，看得見」

在本章中，我們將會對八大思維導圖進行由易到難的詳細講解。從發散聯想開始，逐步引入描述、分類、比較、順序和類比等概念，以及具體的實踐運用示例，這個順序也正好對應孩子在成長過程中，大腦和認知不斷建立新連結的需求。

右頁展示的是思維導圖的八種圖示。對每個圖示，我們將會分以下幾個部分來進行講解：

· 情境導入

從一個實際問題出發，帶著這個問題一起尋找更好的思考表達方法，引出表示特定思維類型的圖示。

· 怎麼畫？

當我們使用思維圖示，來表現這個實際問題的思考過程時，該怎麼描畫。

· 思維導圖三要素

圖示的具體定義，以及在什麼情況下，適合選擇這類圖示。

　· 應用場景

用多個孩子們熟悉的或美國課堂上的實例，來展現圖示的實際應用場景。

· 知識拓展

家長在指導孩子使用這類圖示時，需要特別注意的問題，和具體的引導方法。

· 挑戰任務

百聞不如一練，幾個小任務，馬上動手挑戰一下！

‧八種思維導圖‧

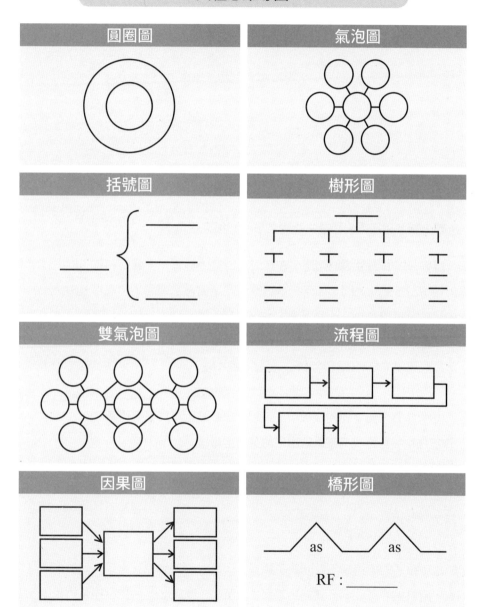

圓圈圖

氣泡圖

括號圖

樹形圖

雙氣泡圖

流程圖

因果圖

橋形圖

as　　as

RF：_____

圓圈圖（發散思維）

💡 情境導入

> 想一想，用四根火柴能拼出哪些漢字和英文字母？

這是一個腦力激盪的問題，在無限制的自由聯想下，家長和孩子能迸發出多少創新想法？彼此之間又如何有效地交流呢？你肯定想到了，在思考和交流的過程中，把每個想到的點子寫下來、畫下來啊！聽起來很不錯，但問題來了，如果孩子根本沒有想法，無從下手，或者很快就腸枯思竭了怎麼辦？這時，不妨提出下面這些問題來幫助他打開思維、拓寬思路：

- 四根火柴就像漢字裡的四個筆畫，想一想四筆可以寫出哪些漢字？
- 你能找出哪些可以用四筆寫出來的英文字母？
- 觀察已經拼出的漢字和英文字母，稍作變化，還能聯想到哪些新的？
- 一定要用四根嗎？能不能一次只用一根或兩根來拼字？你還知道什麼不同的拼法？

這下孩子的思路是不是開闊了許多？可是，新的問題又來了：他的思路越來越廣，剛寫個「王」字，就立馬想到「大王」「國王」……把話題越拉越遠，完全忘記自己一開始究竟在做什麼。

有沒有更好的方法？有，八大圖示裡的圓圈圖，就是一個很棒的工具！

💡 圓圈圖怎麼畫？

當孩子的腦袋已經有一些想法，那就可以按照以下四個步驟，把這些思考結果呈現到思維導圖上。

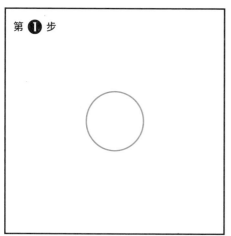

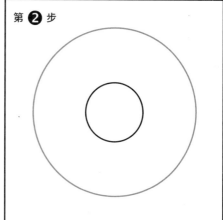

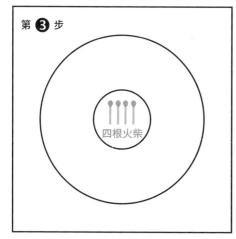

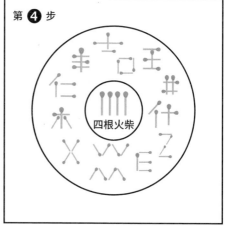

▲ 圓圈圖的畫圖步驟

第一步：在紙的中心先畫出一個小圓圈。

第二步：以小圓圈為中心，再畫出一個大圓圈，並盡可能在大小圓圈之間，留出足夠的空白區域。

第三步：在中心的小圓圈內，寫下或畫出我們將要思考、解決的主題，例如：四根火柴。

第四步：在大小圓圈之間的空白區域，寫下或畫出我們基於這個主題發散聯想的結果，例如漢字「木」「丰」等，英文字母「X」「M」等。

至此，一個圓圈圖就基本完成了，剩下的就是不斷地往大圓圈裡添加新的思考結果，讓這個問題的解決方案更加豐富。看出來了嗎？大圓圈裡足夠的空白，給了孩子充分的發散思考空間，小圓圈裡的中心主題，也時時刻刻在提醒他們，放飛思維的同時，別忘了目標是使用四根火柴拼出新花樣，想法需要滿足這個條件，可別離題哦。

💡 圓圈圖三要素

剛才已用圓圈圖完成對「四根火柴不同拼法」的發散聯想。在繪製的過程中，我們從最開始的幾個零星想法，逐漸導引出別的聯想，相繼產生一連串的創造性思考結果，為這個開放式問題找到更多的答案。

但是，為什麼解決四根火柴拼字的問題，需要用到圓圈圖，而不是氣泡圖、樹形圖等其他幾種呢？換言之，我們如何知道，在面對某一問題時，應該選擇哪個思維導圖呢？要解決這個疑惑前，首先要了解圓圈圖的三要素。

一、定義

圓圈圖的定義是，可視化地表示聯想和定義（Brainstorming and Defining）的發散思維過程。

根據情境導入的例子及圓圈圖的定義，我們可以感知到，圓圈圖能幫助孩子

拓展思考問題的角度，培養發散聯想能力。同時，在接下來更多的應用場景中，我們能了解到，圓圈圖還有助孩子回憶學過的知識，來定義一個事物或者概念。

熟悉定義的好處，就是知道這個工具有什麼作用，以後遇到這類問題時就直接可以使用。譬如我們遇到一個發散類問題「秋天能讓你想到什麼」，或者是一個定義類問題「請你說一說什麼是興趣」，此時選擇圓圈圖就對了。

這對成年人來說比較容易理解，但孩子僅僅知道定義還不夠。

當孩子面對某一問題時，要快速判斷該用哪個思維導圖來幫助思考，還有一個重要的前提：家長需要有意識地提出，含有特定思維關鍵詞的引導問題。經過反覆練習，孩子能夠感知到，這些問題裡的關鍵詞就是某種信號，指示他去選擇特定的思維導圖。選對了，孩子就可以更快、更好地解決問題。所以接下來，我們還要了解三要素中的另外兩點——「思維關鍵詞」和「引導問題」。

二、思維關鍵詞

圓圈圖的思維關鍵詞有兩類。一類指向發散聯想，用於腦力激盪，如聯想、想一想、知道、找出等。另一類指向定義，對某一概念有理有據地說出自己的理解，如定義、解釋、說說（說一下）等。

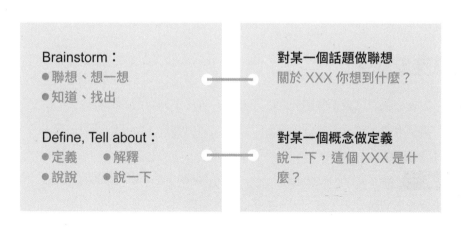

Brainstorm：
● 聯想、想一想
● 知道、找出

對某一個話題做聯想
關於 XXX 你想到什麼？

Define, Tell about：
● 定義　　● 解釋
● 說說　　● 說一下

對某一個概念做定義
說一下，這個 XXX 是什麼？

▲ 圓圈圖的思維關鍵詞

三、引導問題

使用圓圈圖的思維關鍵詞，在對某一個話題做聯想，或對某一個概念做定義時，就可以提出特定的引導問題。例如，在引導孩子對圓形做聯想時，可以這樣提問：關於圓形，你聯想到什麼？你能找出生活中哪些東西是圓形的嗎？而在引導孩子對圓形做定義時，可以這樣提問：你可以解釋一下，圓形是什麼嗎？你會如何定義圓形呢？

回過頭，複習我們在前面「情境導入」例子中提到的幾個引導問題，看看它們是否包含「聯想和定義」這類的思維關鍵詞。

- 四根火柴就像漢字裡的四個筆畫，想一想四筆可以寫出哪些漢字？
- 你能找出哪些可以用四筆寫出來的英文字母？
- 觀察已經拼出的漢字和英文字母，稍作變化，還能聯想到哪些新的？
- 一定要用四根嗎？能不能一次只用一根或兩根來拼字？你還知道什麼不同的拼法？

有發現嗎？引導問題中包含的思維關鍵詞就像指南針一般，指引孩子打開思路，進行多角度的發散思考。

💡 應用場景

現在，我們已經了解圓圈圖的三要素，解決了如何選擇思維導圖的問題。再來，請想一下，在以下三個場景中，你該如何引導孩子使用圓圈圖，來思考問題的解決方案呢？

場景一 孩子即將從幼稚園升上小學，在開學的第一天，老師通常會要求每個人來做一下自我介紹。這時候，孩子該如何打開思路，準備一段內容豐富的自我介紹，把自己全面展示出來呢？

自我介紹，是用圓圈圖做發散聯想的一種典型應用。家長可以參考以下幾個思考角度，來引導孩子完成這個任務。

首先，可以簡介基本資料。例如：姓名是什麼？是男生還是女生？今年幾歲？其次，介紹自己的外貌特徵。例如：長髮還是短髮？有酒窩嗎？眼睛大不大？接下來，還可以闡述自己的性格特點。例如：愛笑或是比較靦腆？最後，可以講一下興趣。例如：愛打籃球、喜歡閱讀、喜歡小動物等。

▲ 自我介紹圓圈圖參考圖例

從這四個角度進行發散聯想後，可以畫出內容豐富的圓圈圖如上述。有了這些素材，相信孩子做起自我介紹既能侃侃而談，又不會離題千里，因為中間小圈圈裡的「我」，一直都在提醒他，現在要做的是「自我介紹」，可不要談到自己有三位好朋友之後，就開始越講越偏，一股腦地介紹他們的「英雄事蹟」去了。

場景二 我們在家給孩子做英語啟蒙的時候，常常會一起閱讀繪本，或是透過「磨耳朵」的方法，讓他聽大量的歌謠、看動畫片來培養語感。在此基礎上，我們也希望孩子能記憶更多單字，增加詞彙量。那有沒有什麼有趣的遊戲方式，可以幫助孩子多記單字呢？

圓圈圖足以擔當重任。以下圖為例，家長可以出一道題目給孩子：以字母 M 開頭的單字，你能想到哪些？孩子可能會從自己最熟悉的單字開始說起，如首先想到媽媽（mommy）、我（me）等。這時候，家長要進一步提醒孩子，試著回憶讀過的繪本，找找以字母「M」開頭的動物單字有哪些，他可能又會發現猴子（monkey）、老鼠（mouse）、麋鹿（moose）等。

如果孩子不太記得繪本裡的單字，大人可以鼓勵他們再去查找和確認一次。除了對繪本進行聯想，還有孩子熟悉的音樂、動畫等也能當作素材，甚至根據家裡的物品來搜索尋找，如牛奶（milk）、杯子（mug）……或是翻一翻冰箱，裡面有沒有蘑菇（mushroom）？這樣的遊戲可以讓孩子邊想邊畫，不但能複習已經認識的單字，同時也是一個學習新單字的好方法。

▲「M 開頭的單字」圓圈圖參考圖例

類似的場景，轉換到中文環境裡，就會變成：找找帶「口」的字有哪些？哪些是「土」字旁的？或者是讓孩子思考疊字形式（漂漂亮亮、乾乾淨淨……）的詞語有哪些？圓圈圖裡大面積的留白，給孩子騰出了廣闊的思考空間，激發他們對中心主題進行 360°的全方位思考。

場景三 給孩子讀繪本《金老爺買鐘》，它講述了這樣一個故事：金老爺為了校準閣樓裡一座鐘的時間，在商店買了四座鐘，分別放在廚房、客廳、玄關和臥室裡，他跑過來跑過去地調整，卻發現它們的時間總是不一樣。金老爺很苦惱，請了鐘錶師傅來檢驗，結果卻是每一座鐘都很準。孩子解開這道關於時間的謎題後，知道了時間的特點——每一分每一秒都在流逝。

以這個故事為引子，我們不妨讓孩子試著深度思考一下：「什麼是時間？你可以對時間下定義嗎？」這也是一個引導孩子「把薄書讀厚」的好機會。

從小到大，我們接收到的「定義」，絕大多數都是來自書本的既定內容，前人已經總結、歸納，後人只需要去背誦、記憶即可。一旦形成這種固化的思維模式，當面對一個新問題時，孩子就很少會主動思考——「我能不能對一個事物或概念做出自己的定義呢？」家長也難免會認為，讓孩子對一個抽象概念下定義，似乎是一個很高深的難題。其實不然，圓圈圖就可以幫助孩子獨立去思考、定義一個概念。

我們來嘗試一下，如何使用圓圈圖對「時間」做個定義。

光把一個圓圈圖劃分為四個象限，順時針來看。

第一象限是圖例解釋——你能用圖例，或者從生活中找到一些具體的事物，來表示這個概念嗎？例如「鐘錶」就是我們常常用來表示「時間」的一個物體。在第二象限裡，你需要舉出幾個能夠說明這個概念的例子，例如鐘錶上的小時、分鐘、秒可以表示時間，平時說的年、月、日也可以表示時間。

到了第三象限，你需要為這個概念提供一些錯誤的例子，像哪些東西是不屬於「時間」的？例如公分和毫升跟時間就不存在任何關聯。根據前面三點思考，你找到了「時間」的具象是什麼，也能夠判斷出哪些東西屬於或不屬於「時間」。

那麼現在，你能夠在圓圈圖的第四象限裡，對這一概念做出定義了嗎？這就是思考的最終結果。例如，時間是一種連續不斷的變化，代表著過去、現在和未來。結合四個象限的內容，我們也就給時間做出了定義。

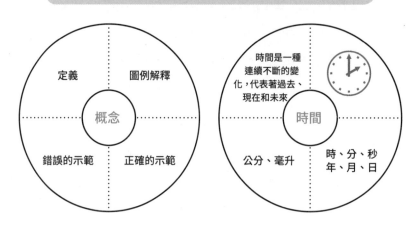

・如何用圓圈圖來做定義・

畫這樣一個圓圈圖，孩子需要獨立去搜尋資料、進行批判性思考，最後根據自己的理解，對一個抽象概念做出定義和解釋。這會為他將來獨自解決實際問題，打下非常好的基礎。

💡 知識拓展

孩子在畫圓圈圖的時候，往往興奮於找到一個思考方向後，就難以脫離出來，陷入單向思考模式，其實這並不符合圓圈圖鼓勵多元發散思考的用意。這時，家長的引導尤其關鍵，及時提出新的思考角度和方向給孩子，才能全方位地訓練他們的發散聯想能力。

舉個例子，如果我們問孩子：「看到圓圈，你想到什麼？」孩子很容易從「圓」

這個形狀開始聯想，如籃球、甜甜圈、硬幣、鈕扣、太陽、時鐘等。毫無疑問，從形狀我們可以聯想出很多東西，但這樣的思考顯然還不夠發散，家長需要給孩子提出新的思考方向，例如：圓圈看起來像不像一個盤子？在生活中，圓圈有哪些特別的作用？這樣就引導孩子從功能上去思考，聯想到盤子、碗、籃框、水杯、帽子等。此外，從運動軌跡上思考，圓圈還可以表示一個無限循環的過程。從寓意上想，它還象徵著團圓、圓滿……

所以，孩子在畫圓圈圖時，不僅需要聯想，還要注意發散思考的廣度和深度。而在發散思考的過程中，尤其需要家長的引導和示範，幫助他尋找新的角度和方向，避免陷入單向思考的模式。

💡 挑戰任務

到這裡，你已經了解圓圈圖的三要素，也明白它的應用場景有哪些。現在到了實際操作的階段，不如從以下四個挑戰任務中，挑選最感興趣的話題，來引導孩子畫圖思考吧！

任務一 你最喜歡的數字是什麼？從這個數字，你能聯想到哪些東西？請畫一個圓圈圖，將你的聯想展示出來。

任務二 隨著科技的日新月異，學生們繳交作業的方式也更加多樣化，除了常見的紙本，還可以透過電腦上傳檔案。你能想像出二十年後的作業本是什麼樣子嗎？請使用圓圈圖，大膽地進行聯想吧。

任務三 我們生活的每一天都被愛包圍著，這份愛可能來自家人，也可能來自朋友，甚至來自偶遇的一位路人。在你心裡，愛是什麼？你能畫一個圓圈圖，給「愛」做出定義嗎？

任務四 如果有外國朋友來到你居住的城市旅遊，你會怎麼介紹這座城市呢？用圓圈圖來幫助你思考吧！

氣泡圖（描述思維）

情境導入

> 榴槤是著名的熱帶水果之一，因其含有豐富的營養價值，而被譽為「水果之王」，你平時留意過這種特別的水果嗎？它有哪些特點呢？

回答這個問題，需要孩子有細膩的觀察能力和語言表達能力。讓孩子描述榴槤，他可能很快就會想到，其外表是有刺的，味道很臭或很香。但如果要再深入一層去思考，就會感覺有點吃力，出現「詞窮」的狀況。這個時候，作為家長，該如何引導孩子，來幫助他全方位認識，並且能形象描述出一顆榴槤呢？

在引出適合的圖示之前，先來認識一種觀察、描述事物非常實用的方法——「五感觀察法」。

「五感觀察法」是透過身體五個感官，去感知事物的特徵：用眼去看，用手去摸，用嘴巴去嘗，用鼻子去聞，用耳朵去聽。下面我們就利用榴槤，來看看「五感觀察法」如何幫助孩子做全面的觀察和描述。

根據這五個感官，我們提出引導問題給孩子時，可以參考以下五個思考角度：

- 眼睛：（榴槤）看起來是什麼樣子？

眼睛看到的是物體的形狀、顏色、大小等。觀察榴槤的外表，可以得出以下結果：表皮有尖尖的刺；未成熟的外殼是青綠色的，成熟後就變成棕黃色；形狀是不規則的，有一瓣一瓣的凸起。如果把它切開，會發現果肉是黃色的，殼裡還

有白色的瓤。

・鼻子：（榴槤）聞起來是什麼氣味？

調動一下嗅覺器官，把鼻子湊近榴槤聞一下，不同的人會有不一樣的感覺。有的人認為它聞起來臭臭的，避之不及；有的人卻認為聞起來很香甜，令人垂涎欲滴。

・手：（榴槤）摸起來有什麼感覺？

觸覺能夠讓我們得知一個物體的質感、溫度、濕度等。伸手去摸一下榴槤，會覺得很硬，而且非常扎手，因為它渾身都長滿尖刺。那榴槤的果肉摸起來有什麼感覺呢？全熟的榴槤，果肉摸起來有點黏手；七分熟左右的，摸起來會乾爽一些。

・嘴巴：（榴槤）嘗起來是什麼味道？

描述水果自然少不了味道，成熟的榴槤嘗起來既軟糯又香甜，而生一些的則是澀口的。如果是過熟的，會有苦的味道。

・耳朵：（榴槤）有聲音嗎？聽起來是怎麼樣的？

我們可以聽到鬧鐘的響鈴聲、水流的嘩嘩聲、動物的叫聲等，水果也能發出聲音嗎？當孩子出現這樣的疑問時，家長可以引導孩子透過拍、敲、搖等其他外力因素，來描述水果的聲音。例如用木棒拍一下榴槤，會聽到類似「卜卜」的悶響。如果搖一下成熟的榴槤，會聽到裡面果肉搖動、脫落的聲音。另外，在榴槤表皮劃幾刀，把它掰開的時候，也會聽到「咔嚓」的裂開聲。

氣泡圖怎麼畫？

透過「五感觀察法」，我們已經把榴槤從裡到外、仔仔細細地觀察一遍，收穫了不少想法。但是，如何把這些思考結果，呈現到思維導圖上，讓別人知道榴槤的特點呢？讓我們跟隨以下四個步驟，一起來畫一個氣泡圖吧。

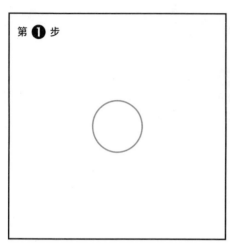
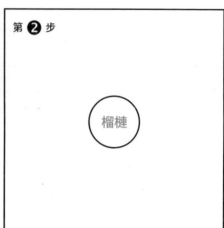

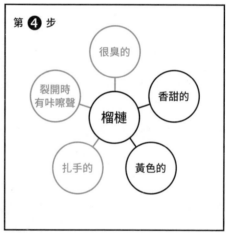

▲ 氣泡圖的畫圖步驟

第一步：在紙的中心先畫出一個大氣泡。

第二步：在大氣泡內寫上要描述的中心主題，例如：榴槤。

第三步：在大氣泡的周圍畫出小氣泡，寫下對中心主題的特徵描述，並用線連接到大氣泡上。

第四步：盡可能從多個不同角度來描述中心主題。

這樣，一個描述榴槤的氣泡圖就完成了。不過，「五感觀察法」只是提供孩子，五個描繪事物的基本角度和方法，除此之外，還可以從其他角度來思考，添加新的小氣泡，讓榴槤的形象變得更加具體有感。

你看出氣泡圖的好處嗎？中心大氣泡周圍的空白，給了孩子充分的發揮空間，可以隨時增加很多小氣泡，而每一個小氣泡透過線條和大氣泡相連，表示所有的資訊，都和中間的大氣泡有關係，皆是用來描述榴槤特點、特徵的詞語。而且，每次描畫這根連線的同時，也能讓孩子對新想到的點子再次確認——我們的對象是榴槤，如果把描述蘋果、香蕉特點的詞語寫進去的話，可就太離譜啦。

💡 氣泡圖三要素

一、定義

氣泡圖的定義是，可視化地表示描述事物特徵（Describing）的思維過程。

根據情境導入的例子及氣泡圖的定義，我們可以知道，氣泡圖能幫助孩子觀察、了解某一事物的特徵。同時，它也能幫助孩子累積描述性的詞彙，訓練語言表達能力。

很多家長習慣把「描述類」的思維，當作孩子在大量閱讀、習作後可自然形成的技能，因而缺乏有意識的訓練。孩子們學習語言就是從名詞開始的，通常會知道這個叫什麼名字，那個是什麼東西，卻不太容易累積起豐富的描述性詞語和句子。透過氣泡圖來「畫」出描述思維的過程，看似簡單，卻能實實在在地幫助孩子儲存描述類的好詞好句，提高口頭表達的生動程度，以及書面寫作功力。

既然描述能力這麼重要，那孩子在遇到某個問題時，他的大腦如何才能快速做出反應，知道現在需要使用氣泡圖來輔助思考呢？這就離不開氣泡圖三要素中的另外兩點——「思維關鍵詞」和「引導問題」。

二、思維關鍵詞

氣泡圖的思維關鍵詞有兩類。一類是動詞，如描述、評價；一類是名詞，如特點、特徵。

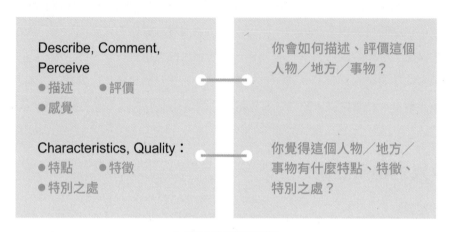

▲ 氣泡圖的思維關鍵詞

三、引導問題

當你想讓孩子描述某一事物時，使用氣泡圖思維關鍵詞，就可以提出其引導問題。例如，在引導孩子對「天氣」做描述時，可以這樣來提問：你會如何描述今天的天氣？你覺得夏天的天氣有什麼特別之處呢？

這些問題能給孩子一個提示：嗯，現在我需要描述事物的特徵，最適合幫助我思考的是哪種圖呢？根據氣泡圖的定義和功能，它很快就會被鎖定。

應用場景

現在，我們已經了解氣泡圖的三要素，解決了如何選擇思維導圖的問題。再來，請想一下，在以下三個場景中，你該如何引導孩子使用氣泡圖，來思考問題的解決方案呢？

場景一 課堂上，老師出了一個作文題目「我最敬佩的一個人」，人物描寫可以從哪些方面去思考？怎樣才能把自己最敬佩的人描寫得既生動又形象呢？

　　寫人是小學作文裡一個重要的主題。孩子在寫作文的時候常常很苦惱，不知道該從哪裡入手，無話可寫。在描寫人物時，我們也可以藉助「五感觀察法」來發孩子進行觀察。

　　首先，用眼睛去觀察你最敬佩的人，他的外貌有哪些特點？五官大小、頭髮長短、高矮胖瘦……其次，「五感」裡的嘴巴，可以對應人物描繪中的語言描寫，他是健談還是少言，是幽默還是嚴肅？這一點也能表現出人的性格特徵。最後，「五感」裡的手可以對應人物描繪中的動作描寫，既然是最敬佩的人，那他具有哪些擅長的領域？或者，他曾經做過什麼令你敬佩的事情？這些都可以成為作文的素材。

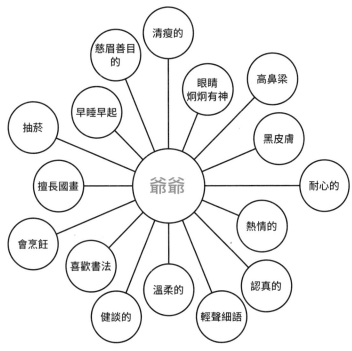

▲「我最敬佩的人」氣泡圖參考圖例

從這四個角度進行觀察描述後，可以畫出上圖這樣一個內容豐富的氣泡圖。根據這些要點，相信孩子在寫作時也有了方向。學會觀察是寫好作文的前提，無論是人物描寫還是景物描寫，都需要透過敏銳的觀察力，來記錄事物的特徵、特性，而氣泡圖就是訓練孩子觀察能力、培養描述思維的實用工具。

場景二 在生活中，每一天的天氣都在變化，不同地方的四季也有不同的風貌。天氣是什麼？你留意過天氣的變化嗎？在寫作的時候，你最常用到描述天氣的詞句是什麼？

在引導學齡前孩子認識天氣、描述天氣時，家長可以從當下的情況切入，讓孩子說一說今天的天氣如何，晴朗、多雲，還是下雨？接著，可以按春、夏、秋、冬四個季節來依次引導孩子描述，不同季節的天氣各自有什麼特點。春天是溫暖的、有微風的；夏天是炎熱的、有雷雨的；秋天是涼爽的；冬天是會下雪的、寒冷的。如果家長能找到一些與四季變換相關的圖片或視頻，給孩子參考更好。

學齡前孩子習慣圖像思維，一些可視化的內容，能幫助他理解和表達。例如他們喜歡用紅色來表示炎熱的天氣，用藍色來表示下雨、下雪的天氣，用灰色來表示多雲的天氣，而寒冷的天氣，則用向下的箭頭加上「℃」表示溫度低（下圖為簡化版）。

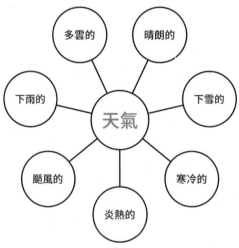

▲ 學齡前孩子描述「天氣」的氣泡圖參考圖例

　　同樣是描述天氣，對學齡期孩子，家長可以適當提高思考的難度，讓他用四字成語來描述一年四季，例如風和日麗、秋高氣爽、烈日炎炎、電閃雷鳴、寒風刺骨等。相較口語化的表達，如炎熱的、寒冷的，成語更加書面化，更富有意境和內涵。孩子了解這些關於天氣的成語後，就可以將它們應用到寫作中，讓作文看起來既生動又有趣。

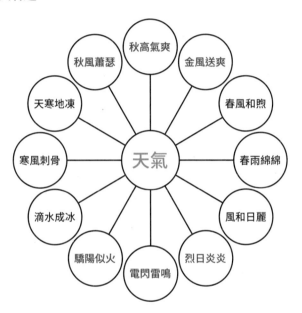

▲ 學齡期孩子描述「天氣」的氣泡圖參考圖例

場景三　　在許多家庭裡，閱讀親子繪本已經成為家長和孩子的日常。有的父母發現，自己的孩子喜歡重複閱讀同一本繪本，對其他類型都置之不理。於是，爸媽難免會擔心：這樣看書，層面不夠廣怎麼辦？

　　閱讀任何一本書籍，都有兩種方式：泛讀和精讀。如果孩子偏愛同一本繪本，家長不妨換一個角度，順勢引導孩子對他喜歡的繪本進行精讀，透過反覆思考來透徹理解繪本，將繪本的價值發揮到極致。

　　英文繪本《聰明的企鵝》（Tacky the Penguin），描述一隻叫作 Tacky 的企鵝，

相貌醜陋、舉止特殊，同伴們總是覺得牠很礙眼。直到有一天獵人突襲，Tacky用自己的怪異行為救了大家後，企鵝同伴們才對牠另眼相看。

　　閱讀之後，我們就可以用氣泡圖來對 Tacky 進行觀察、猜測和分析，幫助孩子對繪本角色進行解讀和評價。在精讀過程中，我們將會使用五個氣泡圖，從不同角度來描述 Tacky 的特徵，從而獲得對故事的深刻理解。

　　Tacky 有哪些特點呢？對於二、三年級的孩子而言，泛讀這個故事一到兩遍之後，就能歸納出牠有三個特點：長得醜、不像企鵝、勇敢。但是，如果只讀到這裡，孩子對故事的理解程度只有 40％，要想讀出剩餘的 60％，還需要家長進行更多的引導。

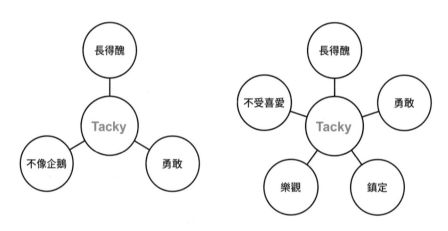

▲「書中描寫的 Tacky」氣泡圖參考圖例　　▲「Tacky 眼中的自己」氣泡圖參考圖例

　　家長可以繼續提出問題：站在 Tacky 的角度，牠會如何描述自己？如果僅從繪本內容去找，其實找不到其他的形容詞，但細心閱讀的孩子，會發現一些側面描寫，如聽到獵人的腳步聲後，Tacky 沒有東躲西藏，而是靜靜留在原地。這一點就反映出 Tacky 沉著、鎮定的一面，所以，我們畫出了第二個氣泡圖，Tacky 眼中的自己有哪些特點？

　　故事情節發生了轉變，凶殘的獵人帶著繩索和鐵籠，唱著「我們要抓住漂亮

的企鵝，我們要把牠們賣了，然後我們就有錢啦」的歌到來之後，又給我們一個全新的視角——在獵人的眼裡，Tacky 有什麼特點呢？

其他企鵝因為獵人的到來，都感到非常害怕，全躲藏在冰山後面。這時，Tacky 用自己笨拙的動作、刺耳的歌聲來捉弄獵人，讓獵人以為這裡不會有他們想像中舉止優雅的企鵝，最後成功把獵人嚇跑。根據 Tacky 在獵人面前一連串的動作，我們畫出了第三個氣泡圖，在獵人的眼中，Tacky 的特點是什麼？

▲「獵人眼中的 Tacky」氣泡圖參考圖例

在故事的最後，Tacky 和同伴們合力趕走了獵人，大家緊緊地擁抱住 Tacky，覺得牠是世界上最可愛的企鵝。不過，在獵人到來之前，這些同伴對 Tacky 的看法可是迥然不同的，大家認為牠不僅長得醜陋，而且呆頭呆腦的，唱歌也很難聽。而獵人到來之後，因為 Tacky 勇敢地救了大家，同伴們開始用欣賞的眼光去評價 Tacky，「英雄」成了牠的新標籤。根據企鵝同伴在獵人到來前後的變化，我們又畫出兩個氣泡圖，對比這兩個氣泡圖，讓孩子去思考分析這一變化背後的原因。

此繪本用到敘事記人（姑且把 Tacky 視為人）的方法，透過對人和事物的具體描繪，以及事件的發展過程，啟發孩子去把握人物特點的變化，深層地思考事物的本質。這種「敘事記人」的描述方法，也是美國老師對 K12（從幼稚園到高中十二年級，大學之前的整個基礎教育階段）寫作的一個要求。

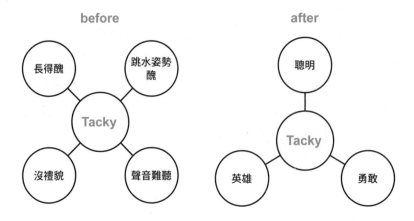

▲ 「獵人到來前後，同伴怎樣看待 Tacky」氣泡圖參考圖例

💡 挑戰任務

　　到這裡，你已經了解氣泡圖的三要素，也明白它的應用場景有哪些。現在到了實際操作的階段，不如從以下四個挑戰任務中，挑選最感興趣的話題，來引導孩子畫圖思考吧！

任務一　我們已經學會使用「五感觀察法」，那麼你可以用同樣的方法來描述你最喜歡的一種水果嗎？觀察結束後，請畫一個氣泡圖，將想到的特徵都記錄下來。

任務二　你喜歡大海嗎？你覺得大海有哪些特點？利用氣泡圖把想法都描述出來吧！

任務三　回憶一下過去的旅遊經歷，其中令你印象最深刻的地標建築是什麼？它有哪些特點？你會如何形容它？用氣泡圖來幫助你思考吧！

任務四　來玩一個叫「我說你猜」的小遊戲，你來選定一個事物，透過描述它的特別之處，看看哪個小夥伴會最先猜出來。

　　圓圈圖和氣泡圖的功能看起來有些類似，是很容易混淆的兩種圖，具體怎麼區分？先不著急，我們在第三章將會有很詳細的講解和說明。

括號圖（整分思維）

💡 情境導入

> 冬天到了，外面積了厚厚的一層雪。你想不想出去堆一個可愛的雪人呢？

　　這是一個實踐活動類的問題，堆雪人的方法各式各樣，不過在開始之前，孩子要先知道雪人是由哪幾個部分構成。了解之後，才會清楚該如何堆雪人，需要哪些工具、材料。作為家長，在孩子思考的過程中，你會提出哪些問題，來幫助他了解雪人的組成部分呢？除此之外，為了讓活動順利進行，還要注意哪些具體事項？不如嘗試提出以下問題：

- 一個完整的雪人是由哪幾個部分組成？
- 加上哪些裝飾，可以讓雪人看起來更漂亮？
- 現在已經知道雪人的組成架構，那用什麼工具堆雪人能更快更好呢？

💡 括號圖怎麼畫？

　　透過上述的思考，我們整理出需要準備的材料和工具：

1. 一個大雪球作為雪人的身體，一個小雪球作為雪人的頭。
2. 兩顆小石子當眼睛。

3. 一根胡蘿蔔當尖鼻子。

4. 七顆紐扣可以拼出笑得彎彎的嘴巴。

4. 兩根樹枝作手臂。

6. 最後還要準備一些裝飾品：幫它戴上一個領結，三顆大石子當作他衣服的紐扣，還有一個小桶，既可以裝雪又能充當雪人的帽子，一舉兩得。

　　那麼，這些材料和工具，應該如何呈現到思維導圖上，讓人一目了然呢？跟著以下四個步驟，一起來畫一下吧。

▲ 括號圖的畫圖步驟

第一步：在紙的左側畫出橫線，寫出我們要拆分的整體，例如：雪人。

第二步：在整體的右側，畫出大括號。

第三步：在大括號的右側，寫出組成部分，並在下面畫出橫線。一條橫線對應一個組成部分。例如：雪人的眼睛、鼻子、嘴巴等。

第四步：如果還想對某一個組成部分進行細分，那麼就在它的右側繼續添加大括號，延伸分級。但需要注意，畫多層級括號圖時，每個層級的劃分要合理恰當。

到這裡，一個和堆雪人有關的括號圖就畫完了。括號圖的用處大家看出來了嗎？一個大括號可以把複雜的拆分關係，形象地表示出來，我們一眼就能看出左邊是一個完整的事物，右邊是它所有的組成部分。這種可視化效果對孩子來說簡單易懂，讓他一下子就能抓住整體與部分的關係。

而大括號除了表示拆分，它凸出的小尖角也在提醒孩子，我們要拆分的對象是雪人，所以寫出的每一個組成部分，都應該來自這個雪人，如果把其他不相關的資料寫進去，那對堆雪人前的準備活動，一點都沒有幫助。

括號圖三要素

一、定義

括號圖的定義是，可視化地表示「整體—部分」之間關係（Whole - Parts）的思維過程。

根據情境導入的例子及括號圖的定義，我們知道，括號圖能幫助孩子理解一個整體事物，由多個組成部分構成的關係，然後再進一步認識，各個組成部分叫什麼，有什麼作用；還能讓他意識到，多個組成部分可以透過不同的方式連接起來，構成一個整體。整體和部分是不可分割的，所以我們在關注事物整體的同時，也要知道它的組成部分及組成結構，這樣才能全面、客觀地認識事物。

二、思維關鍵詞

括號圖的思維關鍵詞有兩類。一類是動詞，例如組成、構成；一類是名詞，例如整體、部分。

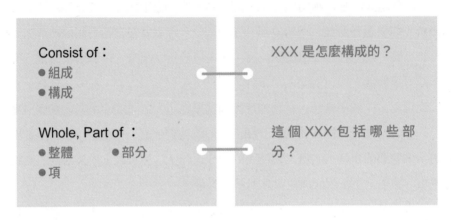

Consist of：
● 組成
● 構成

Whole, Part of ：
● 整體　　● 部分
● 項

XXX 是怎麼構成的？

這個 XXX 包括哪些部分？

▲ 括號圖的思維關鍵詞

三、引導問題

當孩子需要認識理解一個新事物，或者對某一項活動做任務分解時，可以使用括號圖思維關鍵詞來提出問題。例如，在引導孩子認識彩虹時，可以這樣來提問：你知道彩虹是由多少種顏色組成的嗎？

這些問題能給孩子一個提示：嗯，現在我需要分解某個東西，最適合幫助我思考的是哪種圖呢？根據括號圖的定義和它所具有的特性，孩子很快就能反應過來，現在該派括號圖上場了。

💡 應用場景

現在，我們已經了解括號圖的三要素，解決了如何選擇思維導圖的問題。再來，請想一下，在以下兩個場景中，你該如何引導孩子使用括號圖，來思考問題的解決方案呢？

場景一　共享單車的出現，為短程移動帶來極大的便利。騎單車既能鍛鍊身體，又低碳環保。不過，你知道共享單車是由哪些部分構成的嗎？

　　共享單車的品牌有很多，這些不同樣式的單車，它們的組成部分還是有所區別的。即使是同一個品牌，也有不同的車型。要讓孩子來分析共享單車的組成部分，首先需要選定一輛具體的單車作為觀察對象。因為在畫括號圖的時候，主題寫得越具體，思考的目標也就越明確。

　　以下圖為例，觀察這輛共享單車，大致上可以分為六個主要組成部分，如輪子、座椅、把手、腳踏板、車架，無論是共享單車還是一般單車，這五個部分是共有的，也是孩子在觀察後，很快就能得出的結果。

　　第六個部分是二維條碼，也是共享單車最為突出的特點，人們透過掃描條碼來解鎖單車。而解鎖系統是最能表現共享單車的「智能」優點，因為它可以透過網路實現定位、軌跡追蹤、接收訊號、自動解鎖等功能。那麼問題又來了，智能鎖裡的電子模組肯定需要電力來驅動，那智能鎖的電是從何而來的呢？這個問題就留給家長和孩子共同思考分析了。

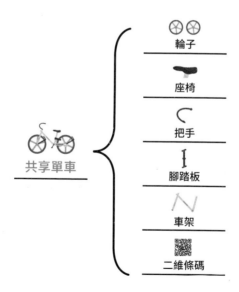

▲ 「共享單車」括號圖參考圖例

觀察過後，如果想讓孩子再做進一步的深入思考，家長可以從每個組成部分的功能特性上，做引導提問。例如，單車的把手是用來控制方向的，那輪子的作用是什麼？哪一個部分可以提供輪子動力？為什麼需要車架？這樣的問題，能讓孩子動腦筋去思考每一個組成部分的作用，以及它們之間存在何種關聯。

場景二 暑假瘋玩了兩個月之後，新學期即將開始。按照慣例，開學前總要帶孩子去選購新文具。文具店裡的商品琳琅滿目，樣式也是日新月異，孩子東挑西選了好一陣子，這支造型獨特的筆想要，那個功能齊全的文具組也不願意放手，最後買了一堆不實用的東西回家。為了孩子，家長都捨得花錢，那怎樣才能培養孩子良好的消費觀念呢？

相信大多數父母都有類似的困擾，該如何避免這類情況發生？美國學校的做法，很值得我們學習。它們在暑期期間，就會把每個年級新學期需要的文具，公布在學校官網上；各大超市入口，也有所在學區每個學校需要的學習用品列表。通常是爸媽帶著孩子到超市，讓他照表一項一項地把文具買齊。在整個文具陳列區，無論是大人還是小孩，都會嚴格按照清單尋找物品，而且必須找到一模一樣的才算達標，完全不會出現「看什麼買什麼」的狀況。

每當孩子把清單上的文具找齊，他們就會非常高興，父母也會興奮地和他們擊掌，肯定孩子的努力。如果你已經受夠小孩無止境的文具購物慾，不妨參考美國學校的做法，試著讓他列一張文具採購清單，並且約定好，只有清單上的東西才能買，這個時候，括號圖就派上用場了。

不過，在用括號圖列清單之前，家長可以先帶孩子清點一下，在舊文具裡，哪些是需要替換和補充的。在這個基礎上，孩子再來思考：我真正需要購買的文具有哪些？對它們的型號有什麼要求？數量又是多少？把文具名稱和對應數量一併記錄下來，購買時才能心中有數。

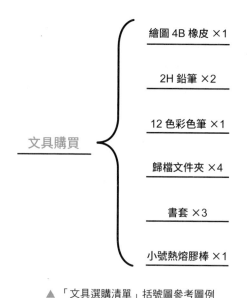

▲ 「文具選購清單」括號圖參考圖例

　　透過思考和權衡，我們畫出了這樣一個括號圖，把新學期需要購買的文具完整地羅列出來，做成一份購物清單。這樣不僅能訓練孩子做事的條理性，也可以樹立他們良好的消費觀念，避免出現盲目採買的情況。

🔆 知識拓展

　　括號圖就像是一個天性好奇的孩子，碰到任何東西都想拆開來，弄清楚它是由哪些部分組成的。實際上，括號圖的應用範圍確實很廣，可謂是「無所不拆」，大致上可以歸納為三種類型：概念的拆分、空間的拆分、時間的拆分。

　　概念的拆分。左上的括號圖，是美國數學課非常經典的應用案例，透過對數字「639」進行拆分，幫助孩子理解個位、十位和百位的概念。

　　空間的拆分。例如右上這個括號圖，一間房子是由哪些部分構成的：煙囪、屋頂、牆壁、窗戶、門，還有台階。在前面介紹的應用場景中，雪人和共享單車

的拆分，也屬於空間的拆分。

時間的拆分。最下面的括號圖，表示對一段時間內要完成的事情進行分解。簡單的時間管理可以分為兩個步驟：第一步是按時間對活動進行拆分，用到了括號圖；第二步是對各項活動進行次序排列，將會用到流程圖。組合使用這兩種思維導圖，就能形成一個不錯的時間管理框架，來幫助孩子做時間管理。這種組合的方法，我們會在第五章詳細介紹。

・括號圖「無所不拆」・

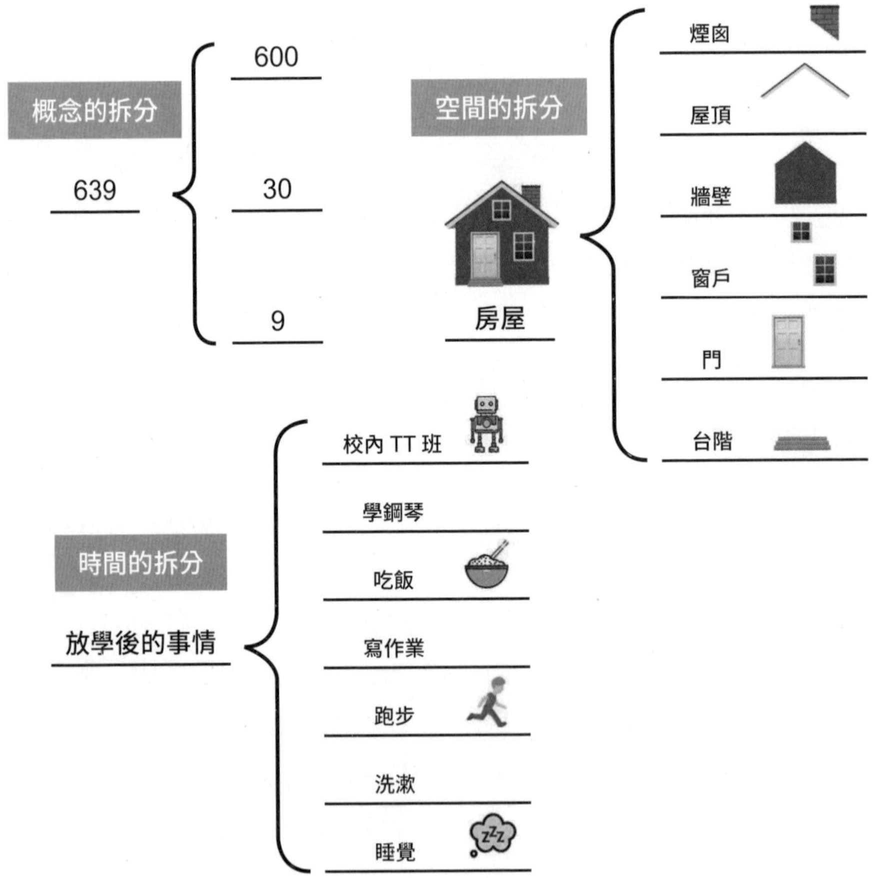

概念的拆分

639 { 600 / 30 / 9

空間的拆分

房屋 { 煙囪 / 屋頂 / 牆壁 / 窗戶 / 門 / 台階

時間的拆分

放學後的事情 { 校內 TT 班 / 學鋼琴 / 吃飯 / 寫作業 / 跑步 / 洗漱 / 睡覺

生活中的方方面面，都能用上括號圖。透過拆分，可以讓孩子對事物的認識，不再停留於表面，而是能夠深入本質；對整體與部分，以及每個部分之間的關係和作用，都有更全面、更系統的了解。

💡 挑戰任務

到這裡，你已經了解括號圖的三要素，也明白它的應用場景有哪些。現在到了實際操作的階段，不如從以下四個挑戰任務中，挑選最感興趣的話題，來引導孩子畫圖思考吧！

任務一　你喜歡吃漢堡嗎？如果讓你 DIY 一個創意漢堡，你會選擇哪些食材呢？畫一個括號圖，把你的祕方寫下來吧！

任務二　我們現在使用的桌上型電腦、筆記型電腦、平板電腦都屬於電腦的一種，它能夠同時處理許多複雜的資訊，這與其結構有非常密切的關係。請選擇一種你最常使用的電腦，利用括號圖來分析它的組成部分。

任務三　假如讓你來自由安排一天的活動，你會怎麼做呢？把你的想法都畫到括號圖上吧！

任務四　地球乃目前宇宙中，已知存在生命的唯一天體，是包括人類在內，上百萬種生物的家園。你知道地球的結構是什麼嗎？它是由哪些部分組成？趕緊去查一下資料，用上括號圖來幫助你思考吧！

樹形圖（分類思維）

💡 情境導入

> 　　周末到了，全家一起去逛動物園，孩子滿心好奇地東瞧瞧、西看看，把之前從卡通和繪本裡看過的動物都認一遍。回家路上，媽媽問孩子：「你今天看到的海豚，是屬於動物家族裡的哪一類呀？」孩子毫不猶豫地回答說：「魚類，因為牠會在水裡游泳。」如果你是孩子的家長，會如何幫助他更新知識呢？

　　許多孩子逛動物園是「看新奇」，一路上被各種動物的樣子和叫聲所吸引，但興奮感過去之後，腦袋裡留下的東西卻沒有多少。而那些善於培養孩子「看門道」的家長，會把逛動物園看作增長孩子認知的「活教室」，在帶孩子遊覽的同時，適時地為他講解各種動物的特點。在動物園之旅結束後，還會再回憶一次，幫助孩子整理從動物園學習到的新知識，清除一些盲點。

　　如何引導孩子回想動物園之旅？不妨提出以下問題。

· 回憶一下，今天在動物園裡有看到哪些動物？
· 動物園那麼大，你說到的這些動物，是在哪些區域看到的？
· 現在，你能把想到的這些動物，都歸類到不同的區域嗎？
· 為什麼會這樣來分類呢？想一想，相同區域裡的動物，具有哪些相同特點？

💡 樹形圖怎麼畫？

　　帶著這些問題，並翻閱各種科普資料進行確認後，我們知道，魚類的主要特點是用鰓呼吸，並且依靠產卵來繁殖後代。而海豚是用肺呼吸的，繁殖方式是胎生。根據這兩個重要特點，我們就可以判斷出海豚屬於哺乳類動物，而不是魚類。

　　用同樣的方法，根據共同特點，我們把動物劃分成不同的類別。現在，怎麼把這些思考結果呈現到思維導圖上，完成一份清晰簡潔的動物分類總覽呢？這就要用到樹形圖了。跟著以下四個步驟，一起來畫一下吧。

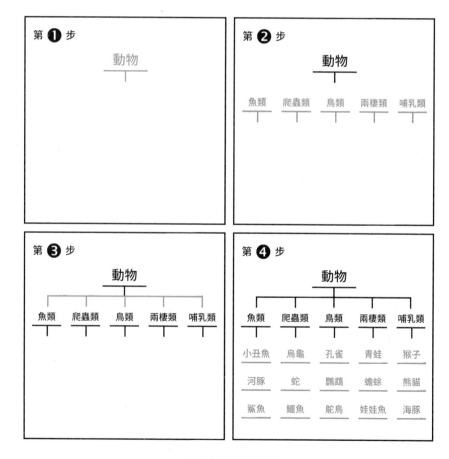

▲ 樹形圖的畫圖步驟

第一步：在白紙的上方先畫出樹幹，寫上要進行分類的主題，例如：動物。

第二步：在樹幹的下方畫出「T形線」的樹枝，寫上類別名稱，例如：魚類、爬蟲類、鳥類、兩棲類、哺乳類。樹枝的數量可以根據思考的結果，往左、右兩個方向繼續做橫向延伸。

第三步：畫出從樹幹到樹枝的連線。

第四步：在樹枝的下面畫出樹葉的橫線，寫上各個類別下的具體條目。如魚類有小丑魚、河豚、鯊魚。

至此，一個幫助我們對動物進行分類的樹形圖就完成啦。看出來了嗎？它就像一棵倒立的大樹——分類主題是樹幹，類別是樹枝，各個類別下的具體條目是樹葉。

當孩子按照某種標準，對一些事物或概念進行分類後，我們可以啟發他繼續尋找和識別事物的特性。樹形圖的特點能夠指導孩子，從橫向和縱向兩方面去思考，樹幹、樹枝、樹葉三種元素符號，把不同的層級劃分清楚，且完整的呈現出來，而這三種符號的相互位置，也在提醒孩子，必須去思考圖上各個事物之間的關係——在橫向上要了解不同類別的差異性；在縱向上則要明白同一類別中，彼此之間的共同特點。

💡 樹形圖三要素

一、定義

樹形圖的定義是，可視化地表示分類（Classifying）的思維過程。

根據情境導入的例子及樹形圖的定義，我們可以知道，樹形圖能幫助孩子對事物或資訊進行分類和歸納，例如對知識點進行分類整理，提高學習的效率。另外，還有助孩子找出支撐主題的各種細節，在寫作方面也很實用。

二、思維關鍵詞

樹形圖的思維關鍵詞有兩類。一類是動詞，例如分類、分組；一類是名詞，例如種類、類型。

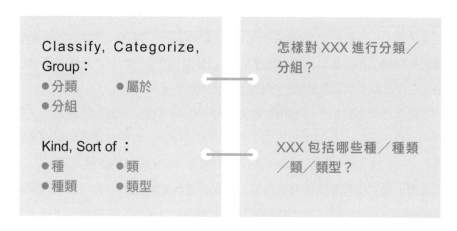

Classify, Categorize, Group：
● 分類　　● 屬於
● 分組

怎樣對 XXX 進行分類／分組？

Kind, Sort of：
● 種　　　● 類
● 種類　　● 類型

XXX 包括哪些種／種類／類／類型？

▲ 樹形圖的思維關鍵詞

三、引導問題

當你想讓孩子對某一主題做整理和歸納的時候，使用樹形圖思維關鍵詞，就可以提出樹形圖的引導問題。例如，孩子玩完玩具後不愛收拾，你想讓他養成收納整理的好習慣，就能這樣提問：你玩了這麼多種玩具，可以把它們分類一下，收拾到櫃子裡嗎？下次就可以按照類別，去找到你想玩的玩具了。

這些問題能給孩子一個提示：嗯，現在我需要對某一個事物做分類整理，最適合幫助我思考的是哪種圖呢？根據樹形圖的定義，以及它獨特的樣子和功能，孩子很快就能反應過來，現在用樹形圖再合適不過啦。

💡 應用場景

現在，我們已經了解樹形圖的三要素，解決了如何選擇思維導圖的問題。再來，請想一下，在以下三個場景中，你該如何引導孩子使用樹形圖，來思考問題

的解決方案呢？

場景一　有一天，學校作業是要孩子完成一篇關於鳳仙花的科學調查報告。孩子不知道該從何處入手，媽媽便幫他找到一本科普繪本《一粒種子的旅行》作為研究資料之一。但孩子草草翻閱之後，只在調查報告中寫了一句話──「鳳仙花和蒲公英一樣，都是靠風來傳播種子的。」顯然，孩子只是為了交作業而敷衍地閱讀，白白浪費一個認識植物的好機會，這該怎麼辦？

我們常常會在很多不可思議的地方，發現植物的影子，例如在路邊，在石頭縫裡，還有在牆角……植物沒有腳，也沒有交通工具，它們究竟是如何到達這些地方？《一粒種子的旅行》就是透過精美的圖文，介紹種子的傳播方式。

那麼，要怎樣引導孩子有意識地分析學習這些知識呢？家長可以用問問題的方式來解決。當孩子知道鳳仙花和蒲公英，都是依靠風力來傳播種子之後，不妨接著拋給他一個新的問題：「除此之外，種子的傳播方式，還有其他類型嗎？」要回答這個問題，孩子又得重新閱讀一遍繪本，然後找出三種傳播方式──靠風吹、靠「搭便車」、靠自己。

接下來，我們想讓孩子思考這三種傳播方式。於是，下一個問題來了：「哪些植物的種子是靠『搭便車』？哪些又是靠自己來完成傳播的呢？」回答完這個問題，一個完整的樹形圖也畫出來了。花楸樹和牛蒡的種子，都是靠「搭便車」──黏附在動物的身上傳播。而草莓的種子則是靠自己──延伸自己的匍匐莖後，長出新的根和葉，扎根於地下，長出一株新的草莓。

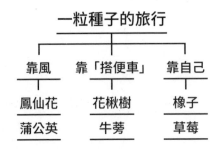

▲「種子傳播方式」樹形圖參考圖例

　　《一粒種子的旅行》只有七頁，但透過樹形圖來分類整理，孩子不僅完成鳳仙花調查報告，還了解不同種子的傳播方式，一舉多得。相信孩子最後交出的調查報告，可就不是簡單的一兩句話，而是一段系統的科學小說明文了。

場景二　孩子開始學習立體圖形了，從簡單的長方體、正方體，慢慢到圓錐體、圓柱體和球體。每個立體圖形的特徵——頂點、面、邊、角的數量都不一樣，孩子都記糊塗了，背也背不下來，有什麼好的學習方法嗎？

　　在整理與總結知識點方面，樹形圖是一個非常實用的思維工具。使用樹形圖分類整理立體圖形的特徵，能幫助孩子建立起結構化的知識體系。在下面的例子中，首先把要做整理的幾種立體幾何圖形，列在樹形圖的樹枝上，除了寫出名稱以外，最好再畫出對應的圖示，用可視化的方式加深印象。

　　接著，在樹形圖樹葉的位置，羅列出每種立體圖形的特徵。如這裡列出了正方體有六個平面，長方體也有六個平面，金字塔（三角錐）有四個平面，圓柱體有兩個平面，圓錐體有一個平面，球體沒有平面。除了平面，幾種幾何圖形其他維度的特徵，如頂點、邊和表面的形狀，也要依次記錄在樹形圖樹葉上。

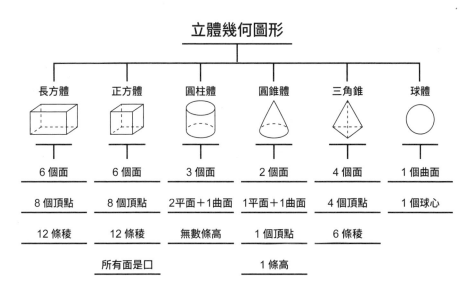

▲「立體幾何知識點整理」樹形圖參考圖例

畫出這個樹形圖，不但可以幫助孩子釐清數學概念，還歸納整理了與其相關的知識點，在單元複習或階段複習時會大有幫助。

當然，除了整理數學知識，樹形圖也可用於其他學科的歸納。換言之，只要是涉及分類歸納與總結的地方，都能用到樹形圖。

場景三 成都作為一座「來了就不想離開的城市」，不僅蘊藏著豐富的歷史文化，還有數不盡的川菜美食，讓人流連忘返。如果有朋友來成都遊玩，你和孩子會如何聯手製作一份旅遊攻略呢？

說到旅遊攻略，難免會想起一些洋洋灑灑的長篇圖文。其實不然，旅遊攻略的要義，是知道可以去哪些景點遊玩，品嘗哪些特色美食，以此來感受當地的文化。所以，用一個樹形圖，就可以做出一份簡單明瞭的旅遊攻略。

例如，先思考一下，如果要讓外地朋友感受成都的歷史文化，你最想推薦他去遊玩的地方有哪些？

說到成都的名勝古蹟，最有名的當數這三個：有三國歷史背景的武侯祠，詩聖杜甫流寓成都時的故居杜甫草堂，以及專門展示商周時期四川地區古蜀文化的金沙遺址博物館，那裡收藏著代表古蜀文明的「太陽神鳥」。

眾所周知，成都也是美食之都，家常川菜、麻辣火鍋，以及各種特色小吃，如傳統的糖油果子、蛋烘糕、甜水麵等，都是只有在這裡才能嘗到的道地滋味。

除了感受歷史文化與美食，成都還有其他一些特色景點，也是不容錯過的，例如獨一無二的大熊貓繁育基地，還有目前世界上最大的單體建築——環球中心。另外，還可以逛一逛位於市中心的寬窄巷子，由兩條古街打造而成，既保存傳統古樸的風格，又充滿現代的生活氣息，也是成都的熱門景點。

用樹形圖畫完這份攻略後，不但訓練了孩子的分類思維，也讓他學會如何為外地朋友，介紹成都的特色文化。

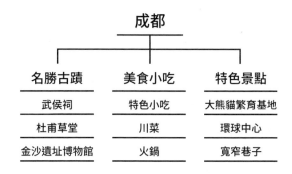

▲「成都旅遊攻略」樹形圖參考圖例

💡 知識拓展

　　引導孩子用樹形圖對資訊進行分類時，家長要注意一個關鍵點——分類標準可以有多種，但分類條目不可以有交叉。什麼意思？請看後頁這兩個內容相似，但意思表達有所區別的樹形圖。

　　做分類的時候，第一步是要確定事物的分類標準（樹形圖裡的樹枝）。上面的樹形圖是按文化元素來分類的，可以把成都分為名勝古蹟、美食小吃、特色景點這三類。而後頁的樹形圖就表現了另一種分類標準——按時間維度來分，做一個三天的成都旅遊計畫，第一天、第二天、第三天分別要去哪些不同的景點，品嘗哪些不一樣的美食。

　　一個事物的特點有很多，每個人關注的地方又不盡相同。所以，樹形圖的分類標準因人而異，沒有唯一答案。同樣是以成都為主題，我們就思考出兩種不同的分類標準，畫出兩個不同的樹形圖。

　　分類的第二步是要找出「不同點」，也就是一個類別下的具體條目（樹形圖裡的樹葉），不會跟另一個類別有所交叉。例如上面的樹形圖，把成都分為名勝古蹟、美食小吃、特色景點這三種類別，那麼美食小吃裡的川菜、火鍋，就不會和名勝古蹟這一類有交叉的地方。

　　再舉一個例子，如果把平面圖形分為長方形、正方形和三角形，孩子在長方

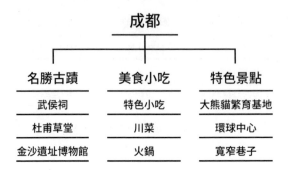

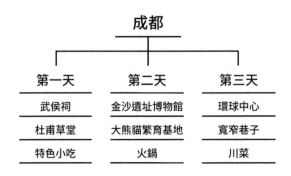

▲ 樹形圖「分類標準不唯一，分類條目不交叉」

形這一類別下列舉的條目是「紙」，那麼就會出現交叉，因為紙有長方形也有正方形。怎麼修改呢？如果把紙進一步具體為 A4 紙，就是正確的分類了。

　　了解到這個關鍵點後，家長在輔導孩子畫樹形圖時，可以留意他對自己寫出的分類標準之解釋。鼓勵孩子按照自己的思路來進行分類，遠遠好過我們為他預設的標準答案。

💡 挑戰任務

　　到這裡，你已經了解樹形圖的三要素，也明白它的應用場景有哪些。現在到了實際操作的階段，不如從以下四個挑戰任務中，挑選最感興趣的話題，來引導孩子畫圖思考吧！

任務一　世界上存在各種各樣的動物，而動物的分類也有很多種。到目前為止，你認識多少種動物？可以按照你的理解，對牠們進行分類嗎？用樹形圖來幫助你思考吧！

任務二　你喜歡閱讀嗎？家裡是否有很多不同類型的圖書？今天，由你來擔任小小圖書管理員，協助爸爸媽媽完成書籍的分類擺放。你覺得可以把書籍分成多少種類型？每一類中又會包括哪些書呢？利用樹形圖來協助你整理思路吧！

任務三　生活中到處都有幾何圖形，我們所看見的一切，都是由基本幾何圖形組成的。例如盤子是圓形，金字塔是三角形，課本是長方形……你還能找出哪些物品是由幾何圖形構成？用樹形圖來記錄你的觀察結果吧！

任務四　每個人在不同環境下，會產生不一樣的情緒，如快樂、煩惱、憂傷、氣憤等。請回憶一下，對自己的情緒做一個分類。在什麼情況下你會產生這樣的情緒？把產生不同情緒的各個場合，整理到樹形圖上吧。

雙氣泡圖（比較思維）

情境導入

> 　　有一天，媽媽接孩子放學回家，在大樓裡等電梯時忽然靈機一動，想和孩子聊一聊：我們每天上下樓乘坐的電梯，跟商場裡的電扶梯有什麼區別？如果換作你，會如何啟發孩子思考、談論這兩種電梯的不同之處，學習生活中的知識呢？

　　高樓大廈裡有電梯，商場、地鐵站裡有電扶梯，這兩種電梯隨處可見，孩子也都體驗過。但要細數兩者的區別，還是需要動一下腦筋。作為家長，在孩子思考的過程中，你會提出哪些想法，來幫他找到兩者的相同點和不同點呢？不如嘗試以下這些問題吧：

- 我們上下樓乘坐的電梯，和商場裡的電扶梯相比，是不是一樣？
- 這兩種電梯有沒有相同的地方？它們的作用是什麼？
- 這兩種電梯的材質，分別是用什麼材料做成的？
- 搭乘電梯或電扶梯的時候，需要進行什麼操作嗎？

💡 雙氣泡圖怎麼畫？

　　無論是開放性的提問，還是具體的問題引導，孩子都能結合自己的生活經歷和細膩觀察，得出一些相同點和不同點。不過，孩子想到這麼多資訊，就算讓他一一細說，也要花不少時間，還特別容易遺漏。要如何把資訊呈現到思維導圖上，既幫助孩子持續思考和記錄，又能讓旁人一看就明白這是在比較兩個事物，並且能迅速抓住它們的相同點和不同點呢？跟著以下四個步驟，一起來畫一下吧。

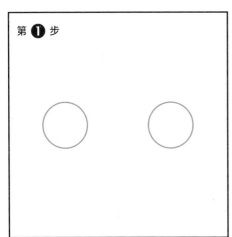

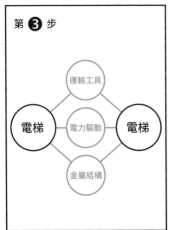
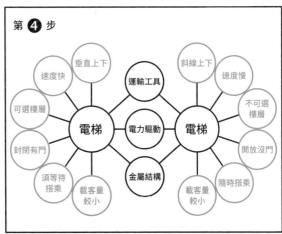

▲ 雙氣泡圖的畫圖步驟

第一步：在白紙的中心畫出兩個大氣泡，保證左邊、右邊和中間都留有足夠的空白。

第二步：在兩個大氣泡裡，寫下要比較的兩個事物，如：電梯和電扶梯。

第三步：在兩個大氣泡的中間畫小氣泡，寫出這兩個事物的相同點（運輸工具、電力驅動、金屬結構），用線同時連接到兩邊的大氣泡上。

第四步：在兩個大氣泡的外側畫小氣泡，寫出這兩個事物各自的特點（如電梯可選樓層，電扶梯不可選樓層），用線連接到大氣泡上。

經過這四個步驟，一個比較電梯和電扶梯的雙氣泡圖就畫完了。雙氣泡圖的特點和好處，大家看出來了嗎？兩個大氣泡醒目地表示我們要比較的事物，中間的小氣泡同時和兩個大氣泡相連，清楚的表達這是兩個事物共有的特點，左右兩邊的小氣泡，都只和一個大氣泡相連，表示一個事物獨有的特徵。

每次在描畫這些連線時，就相當於幫助孩子，對每一個新增的相同點或不同點進行思考和確認，它是兩個事物共同擁有的特點嗎？或是單屬於其中一個的特性？如果孩子粗心，把電扶梯的特點，例如「斜線上下」，寫到電梯裡，那比較出來的結果可就顛倒啦。

💡 雙氣泡圖三要素

一、定義

雙氣泡圖的定義是，可視化地表示比較和對比（Comparing and Contrasting）的思維過程。

根據情境導入的例子及雙氣泡圖的定義，我們可以知道，雙氣泡圖能幫助孩子，找出兩個事物之間的相同點和不同點，透過比較做出選擇。還可以讓孩子經過分析，來對兩個相似的事物進行深入理解。比較是一個分析問題的重要方法，而雙氣泡圖是訓練比較思維相當有效的工具。

二、思維關鍵詞

雙氣泡圖的思維關鍵詞有兩類。一類是動詞，例如比較、對比；一類是名詞，例如相同點、相似的地方、區別、不同的地方。

Compare, Contrast：
● 比較　　　● 對比

如何比較／對比這兩個事物／概念？

Similarity, Difference：
● 相似／相同的地方
● 區別／不同的地方

這兩個事物／概念有哪些相同和不同的地方？

▲ 雙氣泡圖的思維關鍵詞

三、引導問題

當你想讓孩子透過比較分析，深刻認識和理解兩個事物時，使用雙氣泡圖思維關鍵詞，就可以提出引導的問題。例如，在帶頭孩子思考籃球和足球這兩種不同球類運動時，可以這樣來提問：你知道籃球和足球運動，有哪些相同的地方嗎？除此之外，它們還有什麼不同之處？

這些問題能給孩子一個提示：嗯，現在我需要對某兩個事物做比較分析，最能幫助我思考的是哪種圖呢？根據雙氣泡圖的定義和它獨特的樣子，孩子很快就能反應過來，雙氣泡圖是不二之選。

🔅 應用場景

現在，我們已經了解雙氣泡圖的三要素，解決了如何選擇思維導圖的問題。再來，請想一下，在以下三個場景中，你該如何引導孩子使用雙氣泡圖，來思考問題的解決方案呢？

場景一 公車和地鐵都是外出時經常搭乘的公共運輸工具，根據不同目的地，我們要選擇最適合的行動方式。像是來到陌生的城市旅遊，為了更加便捷到達想去的地方，你會選擇乘坐公車還是地鐵？為什麼會做出這樣的選擇？

和孩子一起外出旅遊時，從食宿到交通，基本上都是家長一手包辦，他們只要負責玩就可以了。但其實，家庭旅遊是一個訓練孩子思維的好機會。例如在選擇交通工具上，家長就可以引導孩子思考，並且幫忙做決定：公車和地鐵，要選哪一種可以更快到達目的地？理由是什麼？

首先，家長可以請孩子想一想：公車和地鐵有什麼相同點？孩子可能會想到這兩者都有座位，都可以載人，都要去固定的站台搭乘，總結來說，公車和地鐵都是一種方便人們出行的大眾運輸工具。

此外，父母還可以繼續提問：我們在乘坐地鐵或公車之前，一般要做什麼事情？有沒有必須要完成的步驟，否則就不能乘坐了？這時孩子就會想起，在乘坐地鐵和公車之前，都需要購買車票。

找完兩者的共同點之後，該引導孩子去思考不同點了：回想你乘坐地鐵和公車的經驗，或是讀過的繪本，你認為這兩種交通工具，有哪些不同的地方呢？

作為乘客，在選擇交通工具時，最關心的問題，當然是能否準時。從這一點去思考，就可以得出地鐵較準時，因為它有專用軌道，且時速能達到上百公里。而公車在大馬路上行駛，即使有公車專用道，仍然需要等待紅綠燈，也會遇到道路壅塞的狀況，甚至還可能受到天候的影響，如暴雨、大雪。

從運量上看呢？地鐵和公車可以承載的人數有什麼區別？你會發現地鐵的車廂節數更多，空間更大，它跑一趟就能運載數千名乘客。而公車最多也只有兩個車廂，每個車廂可搭乘五十人左右。這樣一比較，公車的運量要比地鐵少太多了。

從環保的角度思考呢？地鐵和公車哪一種更環保，為什麼？這個問題需要孩子思考兩者的動力來源，也是平時不太會注意到的。地鐵是電力驅動，在行駛過程中，透過觸碰軌道或車頂來獲取電力。而公車就像其他汽車一樣，需要用汽油、柴油或天然氣等來提供動力。不過，隨著技術進步，許多城市的公車也開始更替

為電力驅動了。

　　我們從三個思考方向找到很多不同點，比較下來，好像地鐵更有優勢，那是不是就可以得出結論，以後出門直接選擇地鐵就好？當然不是，從某些角度來看，地鐵也有做不到的地方。如站點數量，公車的路線多、靈活度高，可以到達城市各個角落。而修建地鐵是一個龐大的工程，要綜合考慮許多因素。所以，為了提高效率，地鐵站一般會設置在人潮流量大的地方，站與站之間的距離更遠。透過這樣一番對比思考後，相信孩子以後在選擇交通工具時，會做出更好的判斷。

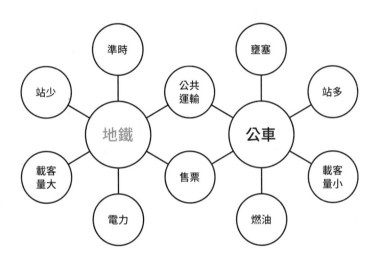

▲「比較地鐵和公車」雙氣泡圖參考圖例

　　用雙氣泡圖做對比，不僅能夠幫助孩子找出合理的選擇，而且畫這類圖，能讓孩子全方位、多角度地思考，探究和理解普遍現象背後的原因有哪些。在這個過程中，既訓練了孩子的比較思維，又協助他吸收許多新知識。

　　當然，除了參考圖例中展示的幾個思考維度，地鐵和公車的相同點及不同點還有很多。家長可以和孩子一起去研究調查，為雙氣泡圖添加更多小氣泡，更深入地去認識這兩種交通工具。

場景二 孩子永遠是父母最大的牽掛，父母對孩子的外貌性格、生活習慣、興趣愛好等，可謂是瞭如指掌。但是，孩子了解自己的爸媽嗎？知道他們分別有什麼特點？如果讓孩子對比自己和爸爸或媽媽的相同點及不同點，他能說出多少呢？

在分析人物時，通常要考慮的維度有外貌、性格、習慣、愛好等。在這個場景下，引導孩子對比思考自己和父母的相同點及不同點時，家長不妨把這些維度都考慮一遍。畫圖之前，首先要選定兩個比較的對象，例如對比「我和爸爸」，或是「我和媽媽」。選好之後，就可以從下面這幾個思考維度進行比較了。

看一下爸爸或媽媽，從外貌上，你們有哪些相像的地方，例如：都是大眼睛，都有酒窩。那有哪些不同的地方呢？孩子的手小，而爸爸媽媽的手大；孩子是雙眼皮，而爸爸是單眼皮。

接下來，比較你和爸爸媽媽的性格，有哪些相同點和不同點呢？也許你們都愛笑，都很幽默。也許孩子很勇敢，而媽媽的膽子有點小。最後，你和爸爸媽媽有哪些共同的興趣愛好？譬如都愛吃美食，都愛看書，都愛聽音樂。那你們有什麼不同的興趣愛好呢？也許你喜歡踢足球，而媽媽喜歡烘焙；或者是你喜歡彈鋼琴，而爸爸喜歡下象棋。

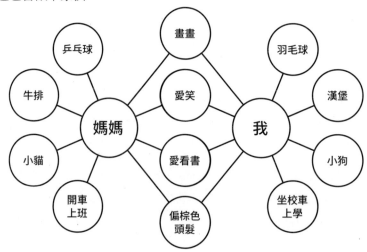

▲「比較我和媽媽」雙氣泡圖參考圖例

　　類似這樣的練習，爸爸媽媽在和孩子談心、聊天時都可以做。在輕鬆的氛圍下，透過畫雙氣泡圖，引導孩子去觀察生活細節、分享感受，既鍛鍊了思維，又增進了親子感情。

場景三　隨著世界各地美食文化的相互傳播，我們不用出國就能品嘗到各種異國料理，感受到不同的飲食滋味。那麼，你帶孩子去吃西餐的時候，是否注意或思考過，中餐和西餐有哪些相同和不同之處呢？

　　中餐代表著以中國為首的大多數東方人之飲食文化，西餐則代表歐美各國和地區的餐飲習慣。說起兩者的不同點，大多數孩子最先想到的就是餐具：吃中餐用筷子，吃西餐用刀叉。

　　為什麼西餐要以刀叉為主呢？順著這一點，家長可以引導孩子，從中西餐各自選用的食材進行思考──西餐的主菜多以肉食為主，例如牛羊肉，所以需要刀叉來切割享用。相比之下，中餐的食材選擇更加豐富，從俗語「山中走獸雲中燕，陸地牛羊海底鮮」可見一斑。

　　此外，中餐和西餐的就餐習慣和氛圍也各有特色：中國人愛熱鬧，大家圍在一起共享菜餚、相互攀談；而西方人傾向於在安靜的環境下用餐，習慣分餐制，每個人根據自己的喜好和飯量進食，各取所需。

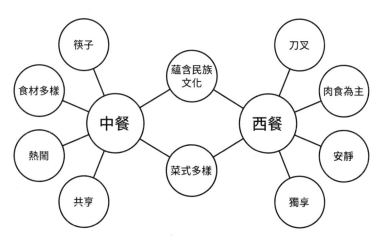

▲「比較中餐和西餐」雙氣泡圖參考圖例

當然，除了上述幾個思考維度，家長還可以從主食、烹飪方式、上菜順序、餐桌禮儀等各個方面，來引導孩子比較分析中餐和西餐的相同點及不同點。透過比較分析，孩子可以全面地了解和學習中西餐截然不同的飲食習慣，以及背後的文化內涵。

💡 知識拓展

在引導孩子用雙氣泡圖做比較時，關鍵是抓好比較的「一頭一尾」。

生活中可以比較的事物無處不在。而在學習中，比較也是一種常見的方法。但並不是所有的東西都可以拿來比較，例如，汽車和電視，或者是漢字和標點符號，顯然就不太合適。能做比較的雙方應該符合以下特徵：它們之間既有相同點、相似之處，又有區別和差異。抓好比較的「一頭」，就是要合理選擇比較的對象。

而比較的「一尾」，即是得出結論。可以是透過比較做出一個合理的選擇，也可以是對某個知識點的深度理解。以前例來說，了解公車和地鐵的異同之後，就能根據比較的結果，選擇外出的交通工具。如果我們要去的目的地，既有地鐵也有公車，就應該先選更準時快捷的地鐵，假使恰好沒有地鐵，但是有方便的公車，那乘坐公車也是不錯的選擇。

💡 挑戰任務

到這裡，你已經了解雙氣泡圖的三要素，也明白它的應用場景有哪些。現在到了實際操作的階段，不如從以下四個挑戰任務中，挑選最感興趣的話題，來引導孩子畫圖思考吧！

任務一 你已經在學校學了一年多的英語，而英語和語文這門學科相比，存在著許多差異。請你畫一個雙氣泡圖，對英語和語文進行全面的比較和分析，把你的發現寫下來。

任務二　今年聖誕節你收到禮物了嗎？對比西方的聖誕節和中國的傳統春節，兩者之間有哪些相同點和不同點呢？搜尋一下資料，把你得出的結論記錄到雙氣泡圖上吧！

任務三　我們每天都會看到太陽和月亮，但你是否想過，它們有哪些相同和不同的地方呢？翻一翻書籍，用雙氣泡圖來幫助你進行對比吧！

任務四　圓錐體和圓柱體都是立體圖形，除此之外，它們還有哪些相同點？想一想，它們的不同點又有哪些？畫一個雙氣泡圖，把你的分析結果都記下來。

流程圖（順序思維）

情境導入

俗話說「病從口入」。除了誤食不乾淨的東西外，我們的手也是病菌重要的傳播媒介。因此，從小培養孩子飯前、便後洗手的衛生習慣很重要。不過，洗手也講究方法，為了達到有效袪除病原菌的目的，你會怎樣教孩子正確的洗手方法呢？

我們可以把洗手看作一項小小的活動，在家長的一步步示範下，孩子能夠順利完成洗手這項任務。但是，想要他們牢記正確洗手的方法，就需要分解出每一個操作步驟，讓孩子知道先做什麼，後做什麼。在有明確圖解的情況下反覆練習，才能養成好習慣。

就像在幼稚園裡，老師也會在洗手台上方張貼正確的洗手步驟圖，作為友善提醒一樣。所以，爸爸媽媽在家裡指導孩子正確洗手後，不妨來做一次複習，讓孩子回憶剛才洗手的全過程，以此來檢驗他是否真的理解、記住正確的洗手方法。在複習過程中，家長可以提出以下問題，來幫助孩子釐清次序：

· 回憶一下，我們剛剛洗手的時候，第一步要做什麼？
· 水龍頭已經打開，你的小手也濕了，接下來該做什麼呢？
· 我們的手上已經塗滿洗手液，下一步應該做什麼呀？

- 現在手心、手背和指縫間都搓出泡泡了，下一步呢？

- 洗手液的泡泡都用水沖掉了，這樣是不是完成了？還有什麼要做的？

- 關上水龍頭後，手還是濕濕的，最後一步要做什麼？

流程圖怎麼畫？

　　透過思考這些問題，我們把正確洗手的步驟都列出來了。現在，怎麼把這些思考結果呈現到思維導圖上，簡潔明瞭地表示出各個步驟的先後順序呢？跟著以下四個步驟，一起來畫一下吧。

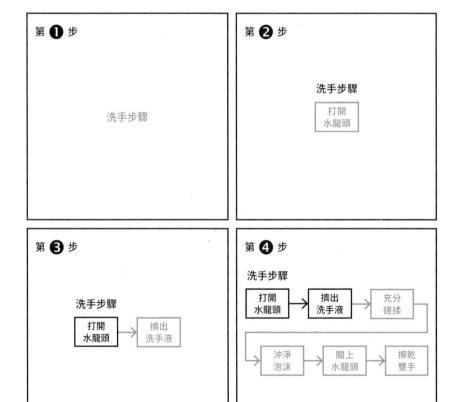

▲ 流程圖的畫圖步驟

第一步：在紙上任意空白處寫出事件名稱，表示這是什麼事情、活動的流程，如：洗手步驟。

第二步：畫出第一個大方框，在方框中描述一個步驟，如洗手的第一步是打開水龍頭。

第三步：在第一個方框後畫出箭頭，並畫第二個大方框，寫出對應的步驟內容。要注意：箭頭表示步驟的順序，箭頭方向是從一個步驟指向下一個步驟。

第四步：以此類推，直到畫完所有步驟。

到這裡，一個表示正確洗手步驟的流程圖就畫完了。流程圖的特點和好處，大家看出來了嗎？箭頭把每一個步驟都串聯起來了，根據箭頭的方向指示，我們一眼就能了解需要先做什麼，後做什麼，這樣的可視化效果對孩子來說，更是簡單易懂。正因為流程圖的特徵是有箭頭，所以孩子在畫圖思考的時候，自然會去斟酌這樣的次序安排是否合理。

💡 流程圖三要素

一、定義

流程圖的定義是，可視化地表示順序排列（Sequencing）的思維過程。

根據情境導入的例子及流程圖的定義，我們可以知道，流程圖能幫助孩子理解一項活動的流程，或者是一個故事的情節發展。另外，流程圖也是一個輔助孩子按次序整理資訊、方便記憶的可視化思維工具。

二、思維關鍵詞

流程圖的思維關鍵詞很多，比如安排、排序、順序、步驟等。

Arrange, Sequence,
Step, Flow, Stage：
- 安排
- 步驟
- 排列
- 流程
- 順序
- 階段

XXX 事件的流程是什麼？
分為哪幾個步驟？

▲ 流程圖的思維關鍵詞

三、引導問題

當你想指導孩子整理一項活動的操作步驟，或一個問題的解決過程，幫助他逐步建立次序概念時，使用流程圖思維關鍵詞，就可以提出引導的問題。例如，在和孩子一起做科學小實驗時，可以這樣來提問：這個實驗的流程是什麼？需要分成幾個步驟來完成？

類似這種問題，能提供給孩子一個明確的指示：嗯，現在我需要對某一個事物做順序排列，最適合幫助我思考的是哪種圖呢？根據流程圖的定義和它獨特的箭頭，孩子很快就能反應過來，選擇流程圖準沒錯。

應用場景

現在，我們已經了解流程圖的三要素，解決了如何選擇思維導圖的問題。再來，請想一下，在以下三個場景中，你該如何引導孩子使用流程圖，來思考問題的解決方案呢？

場景一 轉眼間，又到了草莓成熟的季節。周末的時候，全家人去草莓園玩，孩子不僅嘗到酸甜可口的草莓，還深刻體會採摘的樂趣。媽媽看孩子這麼興致勃勃，於是鼓勵說：不如把你第一次摘草莓的體驗寫成小作文，記錄下來吧？但孩

子三言兩句就寫完一篇流水帳，真是傷腦筋。

　　事情的經過是敘事作文這類體裁的重點，要求描寫得詳細而具體。但是二、三年級的孩子在敘述一件事情的時候，通常會出現情節不連貫，或缺乏細節描述的情況。流程圖能幫助他構思框架、梳理思路，對之後的寫作發揮提綱挈領的作用。

　　小學敘事作文一般採用三段論的結構，包括開頭、經過和結尾。在引導孩子梳理寫作思路時，也可以根據這個結構去思考。例如在這篇作文裡，第一個步驟方框就可以表示開頭，「爸爸媽媽帶我去摘草莓」；同時想一想：摘草莓那一天，天氣如何？在草莓園裡看到什麼？這一類環境描寫，雖然不是流程圖步驟描述需要的內容，但對文章後續的細節填充很有幫助，所以想到之後，可以記錄在步驟方框的附近，這個技巧在引導孩子構思作文、打草稿時很實用。

　　接下來，就要思考事情的經過了，孩子需要詳細地回憶、介紹摘草莓的經過：首先拿到一個小籃子，然後用剪刀把草莓剪下來，再輕輕地放進籃子裡，最後用水把草莓沖洗乾淨就可以吃了。在這個過程中，透過摘草莓的每一個細小步驟，幫助孩子把事情經過講清楚、寫明白。最後一步就是思考結尾：第一次體驗摘草莓，有什麼收穫嗎？孩子想到摘草莓雖然有點累，但是心裡很甜，因為是自己用勞力換來的成果。

　　透過畫流程圖，把故事中的關鍵情節記錄下來，孩子可以完整地把一件事講清楚，寫好一篇敘事作文。

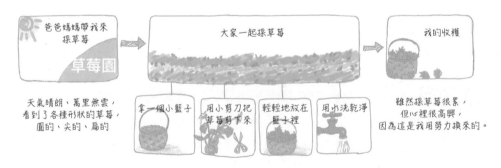

▲「摘草莓作文提綱」流程圖參考圖例

在上頁的流程圖，第二個大方框步驟的下方有四個小方框，代表的是子步驟。在一個流程圖上有若干個步驟，如果想對其中某一個做細分，就可以在對應的大方框下畫出小方框，排成一行，來表示相應的子步驟。包含子步驟的多級流程圖，可以展現更多層級的順序關係。

場景二　檢查孩子的數學作業時，發現他做錯了一道填空題。題目是，在 5 ～ 15 之間，能被 3 整除的一個奇數是多少？孩子算出的答案是 15。如果你是家長，會如何來幫助他訂正這道數學題？

在這種情況下，比起讓孩子立刻重新做題，更有效的方法，是引導他對錯題重新思考。例如這一題，不妨先問一下孩子：「你當時是怎麼計算的？請說明你的解題步驟是什麼？」孩子回答：「很簡單呀，在數字 5 和 15 裡面只有 15 能被 3 整除，而且又是奇數，符合題目的要求，所以答案就是 15。」很顯然，孩子看題目時粗心大意，漏掉一句關鍵詞「這個數字在 5 ～ 15 之間」，亦即不包括數字 5 和 15 了。

了解孩子的解題思路後，現在要來訂正題目了。這回可要仔細審題，根據題目中關鍵詞出現的先後順序，來重新計算一遍。首先，第一句關鍵詞「在 5 ～ 15 之間」，排除 5 和 15 之後，這中間一共有 9 個數字：從 6 開始，一直到 14。然後第二句關鍵詞是「能被 3 整除」，這時，9 個數字篩選到只剩 3 個：6、9 和 12。最後，根據第三句關鍵詞「一個奇數」，很容易就找到答案──9。

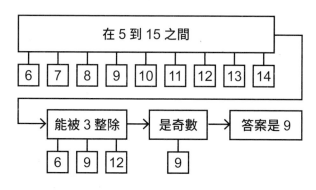

▲「訂正數學錯題」流程圖參考圖例

這是流程圖在數學科的一個應用，也是家長輔導孩子學習的好方法。從低年級開始，家長透過流程圖給孩子分析解題過程，可以訓練他縝密的邏輯思維，使他養成有條有理的解題習慣。同樣，做錯題目時，家長也要引導孩子畫流程圖來解釋自己的解題思路，檢查是在哪一步驟出現差錯。

縝密思考與自我糾錯，是學習理科的必備能力，而表示順序與邏輯的流程圖，正是幫助我們提升能力的好工具。

場景三　孩子期待已久的暑假到了，一家人早早商量好要去紐約，參觀心儀已久的大都會藝術博物館。不過，這是孩子第一次出國，興奮之餘也有點緊張，於是媽媽給孩子一個小任務，讓他查查資料，提前熟悉一下國際航班的登機流程，不要到時候手忙腳亂。沒想到，孩子查完資料後就開始抱怨說太複雜了，這麼多字根本記不住。怎樣來幫助孩子擊退消極情緒，完美解決這個小難題呢？

透過資料，孩子知道了在搭乘國際航班時需要做哪些事，但這些事情的先後順序是什麼？怎樣才能不遺漏每一個環節，順利登機呢？這時候就需要用上流程圖來釐清順序了。

在家長的協助下，孩子從參考資料裡，抓出每個環節的關鍵詞，並且還非常細心地考慮到，在機場搭乘國際航班時，第一步是確定航廈。這一點非常有用，如果跑錯航廈，不僅浪費時間，甚至還有可能因為遲到而錯過航班。所以，一定要找對航廈。

確定報到櫃台後，就可以辦理劃位、托運行李和領取登機證，然後是接受各種檢查。孩子在「各種檢查」這個大步驟下，畫出四個子步驟小方框，詳細列出每一項檢查的順序：首先是檢驗檢疫，然後是海關檢查，接著是邊防檢查和安全檢查。在順利通過各種檢查之後，最後一步才是候機和登機。

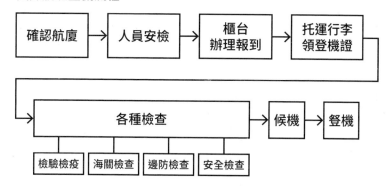

國際航班登機流程

▲「國際航班登機」流程圖參考圖例

　　透過畫流程圖，可以幫助孩子把查閱到的大量文字資訊，做出結構化整理，提煉成通俗易懂的步驟順序，照著這個流程圖來辦理出國登機手續，就能隨時校驗，不會亂中出錯了。

💡 知識拓展

　　流程圖用於呈現一個事件的順序或步驟，圖示方向有多種選擇，沒有標準。常見的有三種：從左到右；從上到下；循環往復。

- 「從左到右」：這是最常見的一種，符合我們日常的文字讀寫習慣，這種畫法的好處是，能夠隨時為某個步驟添加子步驟。例如親子烘焙時，畫出含有子步驟的流程圖，可以讓孩子清楚知道，要先做哪一步，後做哪一步。並且，在烘焙結束後，還能結合實際操作，對現有的子步驟進行增補、優化。當我們要梳理複雜事件的步驟時，按照「從左到右」的方式來畫流程圖，是一個不錯的選擇。

製作黃油餅乾流程

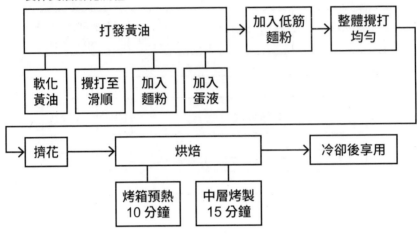

▲「流程圖畫圖方向不唯一」參考圖例：從左到右

• 「從上到下」：使用這種縱向的圖示方法，從視覺角度上看，資訊的呈現更加集中。比較適用於公共指南，如某機構的網上報名流程，能夠讓民眾更加快速地抓取重要資訊和關鍵步驟。

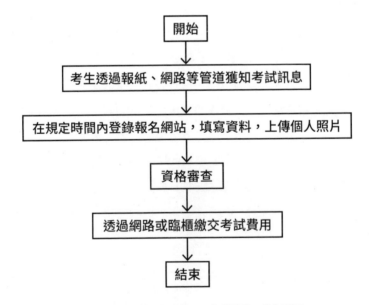

▲「流程圖畫圖方向不唯一」參考圖例：從上到下

• 「循環往復」：所有方框形成一個循環，沒有明確的「第一步」和「最後一步」，這種圖示用來表現循環性發展的事件。例如，在描述易開罐回收處理的流程時，用循環往復的流程圖畫法，來表示易拉罐從「生產—消費—回收—再生產」這樣一個循環往復的流程，簡潔易懂。

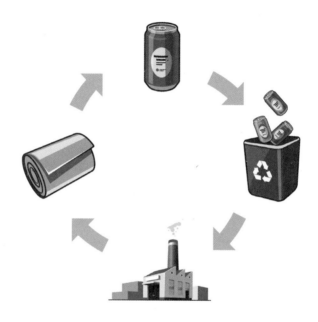

▲「流程圖畫圖方向不唯一」參考圖例：循環往復

　　以上提到的三種畫圖方向，相較而言，「從左到右」或者「從上到下」的線性畫圖方式，具有更好的延展性，便於隨時補充新內容；而循環流程圖的圖形結構相對固定，更適用來表現物品回收，或者是動植物生命周期這一類主題。

　　雖然標準的流程圖採用「從左到右」的線性方向，但家長在引導孩子畫圖的時候，除了遵循個人畫圖習慣，還可以根據具體的思考主題，選擇最適合的流程圖表現方式。

💡 挑戰任務

　　到這裡，你已經了解流程圖的三要素，也明白它的應用場景有哪些。現在到了實際操作的階段，不如從以下四個挑戰任務中，挑選最感興趣的話題，來引導孩子畫圖思考吧！

任務一　期待已久的暑假就要到了，你有想去旅遊的城市或國家嗎？如果讓你來安排行程，你想去參觀當地哪些景點呢？根據不同景點的開放時間和距離遠近，你會如何設計參觀順序？用流程圖來幫忙吧！

任務二　你最近讀過哪個故事最有趣？畫一個流程圖，把故事發生的起因、經過、結果概括出來吧！

任務三　有了地鐵之後，外出變得更加方便，再也不怕堵車了。不過，你知道地鐵列車到達終點站之後，是如何「掉頭」的嗎？分為多少個步驟？把你查到的答案做成流程圖吧！

任務四　端午節快到了，你知道粽子怎麼做嗎？快去問問媽媽，查查資料，用流程圖做個介紹吧！

因果圖（因果思維）

💡 情境導入

> 　　關於孩子上學遲到，不少家長都有感觸：每天早晨七點就開始叫他起床，但怎麼也叫不起來。好不容易起床了，做起事情來也總是磨磨蹭蹭的，刷牙、洗臉、吃早餐，事事都要爸媽跟在後面催；出門前還要對衣服挑剔一番，這件不好看，那件也不要……怎樣才能避免孩子上學遲到呢？

　　由於孩子年紀小，缺乏時間觀念，不會像成年人一樣對時間有緊迫感，能想到的只有眼前的事情。為了避免上學遲到，不但家長要採取措施，孩子自己本身也要對遲到這件事有所認知，只有清楚了解哪些原因可能導致上學遲到，遲到後又會對自己造成什麼影響，孩子才會有意識地主動改正不良習慣。作為家長，在孩子思考的過程中，你會提出哪些想法，來幫助他分析上學遲到的原因和結果呢？不妨嘗試拋出以下問題吧：

- 回想一下，你今天上學為什麼會遲到？
- 你知道上學遲到會帶來哪些不好的結果嗎？
- 既然遲到會被老師處罰，而且也影響學習，那如何來改正遲到的壞習慣呢？

💡因果圖怎麼畫？

上述問題經過思考，我們把上學遲到的原因，以及帶來的影響都列出來了。現在，怎麼把這些思考結果呈現到思維導圖上呢？跟著以下四個步驟，一起來畫一下吧。

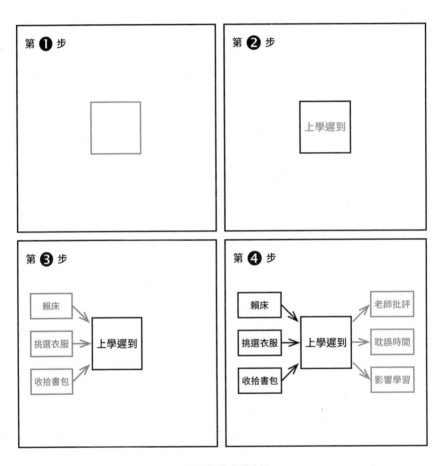

▲ 因果圖的畫圖步驟

第一步：在白紙中心畫出方框，左右兩邊都留出足夠的空白區域。

第二步：在中心方框裡寫出要分析的事件，也就是中心主題，例如：上學遲到。

第三步：畫出左邊的方框，並在方框中寫出引起這個事件的原因。一個方框表示一個原因，用右箭頭連接到中心方框。

第四步：畫出右邊的方框，在裡面寫出這個事件所帶來的結果。同樣地，一個方框表示一個結果，最後用右箭頭與中心方框連接。

至此，一個分析上學遲到的因果圖就畫完了。圖示由左、中、右三個部分組成，中心方框是事件主題——上學遲到，左邊方框的內容是這一事件發生的原因，右邊方框的內容則是這一事件造成的結果，而左右兩邊的箭頭始終保持一致——從左到右。

用因果圖整理過之後，孩子可以清楚看到，究竟是哪些原因導致上學遲到，以後做這幾件事時，動作需要俐落些；另外也強化了遲到的後果，如果孩子在意這些影響，那改正的決心就更大了。

相信大家也看出來了，因果圖就是幫助我們分析事件發生的原因和結果的思維導圖。

因果圖是由方框和箭頭構成，形式和流程圖有些類似，但其中的箭頭，表示的不單單是順序，更是事件與事件之間的關係，即因果關係。

另外，要注意的是，因果圖中的原因和結果，並不需要保持對應的關係。

💡 因果圖三要素

一、定義

因果圖的定義是，可視化地表示分析原因和結果（Cause and Effect）的思維過程。

根據情境導入的例子及因果圖的定義，我們可以知道，因果圖能幫助孩子分析某件事情發生的原因是什麼，同時思考這件事情會帶來什麼結果或影響。透過

邏輯分析，讓孩子能夠有理有據地表達自己的觀點，並且找到有效解決的辦法。此外，一件事情發生的原因、產生的結果可能是多方面的，在辯證分析的過程中，可以鍛鍊孩子多向思維。

二、思維關鍵詞

因果圖的思維關鍵詞有兩類。一類是關於「原因」，例如為什麼、原因、來歷；一類是關於「結果」，例如導致、影響、後果。

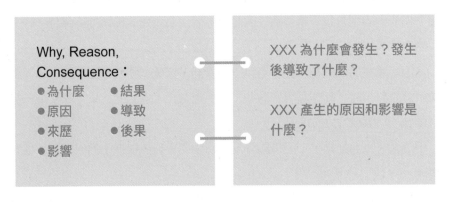

Why, Reason,
Consequence：
● 為什麼　　● 結果
● 原因　　　● 導致
● 來歷　　　● 後果
● 影響

XXX 為什麼會發生？發生後導致了什麼？

XXX 產生的原因和影響是什麼？

▲ 因果圖的思維關鍵詞

三、引導問題

當你想讓孩子全面分析一個事件產生的原因，以及帶來的影響時，使用因果圖思維關鍵詞，就可以提出其引導問題。例如，大街上常常會發生交通壅塞的情況，那麼堵車的原因有哪些？交通壅塞又會造成什麼影響？你能想出什麼合理的解決辦法嗎？

這些問題能給孩子一個提示：嗯，現在我需要對某一個事件做因果分析，最適合幫助我思考的是哪種圖呢？根據因果圖的定義和功能，孩子很快就能反應過來，選擇因果圖肯定正確。

💡 應用場景

現在，我們已經了解因果圖的三要素，解決了如何選擇思維導圖的問題。再來，請想一下，在以下三個場景中，你該如何引導孩子使用因果圖，來思考問題的解決方案呢？

場景一 假如孩子突然提出，想在家裡養一隻小狗，但你擔心他只是一時興起，熱情退散就撒手不管了。在這種情況下，你會用什麼問題來啟發孩子思考，合理地做出是否養狗的決定呢？

相信很多爸爸媽媽都經歷過孩子執著於養寵物的時期，且父母總有一方會持反對意見。但換個角度看，這反倒是一個訓練孩子獨立思考的契機，不妨先放下大人的偏見，邀孩子一起坐下來，認真思考和分析養寵物的可行性，再來決定是否要給家裡增添一位新成員。

聽到孩子提出想做一件事情的時候，家長一般都會先了解原因是什麼。例如：為什麼想要養小狗呢？是不是因為最近讀過某個關於狗的故事？或者，是看到同學養了一隻小狗，覺得牠很可愛，對嗎？還是有其他特別的原因呢？透過這些問題，讓孩子表達自己內心的想法，探究想法產生的原因，同時，也能夠了解他實際的需求和動機。

了解原因後，父母還可以進一步問問孩子：養了小狗以後，家裡會出現哪些變化呢？你需要做什麼？爸爸媽媽又需要做什麼？這一類問題，就是在啟發孩子去思考，他決定做這件事情以後，可能會帶來的影響有哪些。

同時，一件事情的影響是雙面性的，積極和消極都有。誠然，讓孩子參與養寵物，有助於培養他的愛心和責任心，是件好事。不過養寵物並不是只有快樂，也伴隨很多困擾，這些很可能是孩子沒有想過的。這時候，家長不妨提出一個稍有挑戰的難題給孩子：如果狗狗不聽話，咬壞你的書或玩具，你會怎麼辦？

而且狗狗在換毛時還會掉很多毛，這種情況該怎麼處理？面對這些不好的影

響，如果孩子能想到一個不錯的解決方案，如把自己喜歡的玩具和書收拾好，不讓小狗隨便抓咬，掉毛嚴重的話，請爸爸媽媽一起收拾房間，那就證明孩子不是一時興起，而是經過了深思熟慮，也做好迎接一隻小狗的準備。

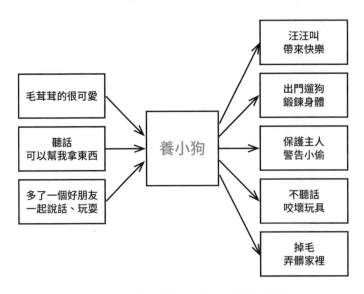

▲「分析養寵物的動機和利弊」因果圖參考圖例

經過家庭討論，孩子思前想後，辯證分析為什麼要養寵物，以及養寵物會帶來哪些影響，並且用因果圖將分析過程表示出來。像這樣，分析事件產生的原因和影響，可以幫助孩子做出一個理智的選擇。

場景二 霧霾天真讓人討厭，只能整天待在房裡，出門還要戴口罩。有一天，孩子放學後回家抱怨：學校一年一度的運動會取消了，就是霧霾惹的禍。如何利用因果圖，來幫助孩子理解霧霾這個複雜的天氣現象呢？

說起霧霾，真的是許多城市居民的共同煩惱。每到霧霾天氣，家裡不敢開窗戶，孩子的戶外活動也被迫取消，醫院人滿為患，汽車限行區域開始擴大……可以說，霧霾已經不再是一個單純的天氣現象，而是凸顯一系列社會問題的冰山一

角。當孩子開始抱怨不能出去玩，戴口罩不舒服的時候，我們如何利用因果圖，來和孩子聊一聊霧霾的現象呢？

霧霾帶來的影響是顯而易見的，不如就從孩子最直接的感受開始說起：「除了運動會被取消讓你不開心之外，它對我們的生活還有哪些影響呢？」

孩子說，戴著口罩很不舒服，班上因為霧霾而生病的同學增多了，外面空氣太差，不敢打開窗戶，家家戶戶都需要二十四小時開著空氣清淨機，那麼空氣清淨機鐵定熱銷，這可是一門好生意。孩子倒是很有商業頭腦。

「那麼，你知道為什麼最近這段時間有霧霾嗎？是什麼導致霧霾的產生呢？」

孩子首先想到建築工地的揚塵，因為家附近正在修建地鐵，經過的時候總要摀著鼻子。除了工程因素，燃油汽車排放的廢氣，也是霧霾出現的一個重要原因。

說完這兩點，孩子就想不出更多的原因了，這時候可以給他一個提示：「霧霾的形成和天氣有關係嗎？」

這下孩子的思路轉換到科學的角度，想到所在的城市屬於盆地，空氣不容易流通。而且最近都沒下雨，也沒有風，所有的灰塵都積壓在空氣裡。這些因素加重了霧霾。

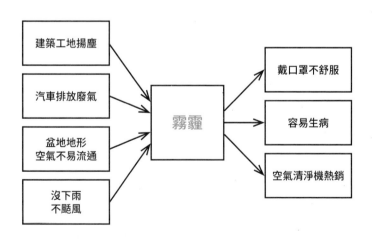

▲ 圖 2.7-4 「分析霧霾」因果圖參考圖例

我們對一個事件做因果分析的目的，除了要深刻認識事物的本質，還要從中尋找解決方法。

「既然霧霾帶來的影響這麼大，人們可以做出哪些反應，來對抗霧霾呢？從形成原因來看，如何減輕霧霾呢？」

從形成原因來思考，孩子想到要少開車，減少廢氣排放，還可以普及綠能汽車，因為他注意到馬路上、停車場裡，掛著綠能牌照的汽車越來越多；建築工地要多灑水，減少揚塵；如果持續不下雨，就要考慮實施人工降雨了。

從造成的影響來思考，孩子想到學校要安裝淨化空氣系統，在實現教室通風的同時，能夠對室外空氣進行過濾；而自己也要多喝水、補充維生素 C、多鍛鍊增強免疫力等，這些都是應對霧霾的好辦法。

從孩子身邊一個有感觸的事件出發，在因果圖的協助下做辯證分析，引導他將抱怨情緒轉化為思考、解決問題的積極態度，真是一舉多得。

場景三　孩子長蛀牙是一件讓爸爸媽媽擔心的麻煩事。牙齒一疼起來哇哇大哭，大人也幫不上忙，只能在一旁乾著急。去看牙醫吧，候診時間長不說，牙醫治療的過程，也讓孩子心生畏懼。怎麼才能讓孩子增強護齒意識，用實際行動遠離蛀牙呢？

想要讓孩子遠離蛀牙，關鍵還需他自己意識到蛀牙的危害是什麼，也要知道哪些不良的生活習慣可能會導致蛀牙。在畫因果圖時，我們一般會先思考引發這個問題的原因是什麼，再來分析導致的結果有哪些。

長蛀牙的原因涉及多個方面，例如在飲食習慣上，有的孩子是甜食控，特別愛吃糖、巧克力、喝含糖飲料，這些食品中的糖分在口腔裡分解後，產生的酸性物質會破壞琺瑯質，逐漸形成蛀牙。在生活習慣上，孩子刷牙偷懶，或是刷牙方法不正確，都會誘發蛀牙。

另外，蛀牙在形成的早期沒有明顯症狀，孩子也不知道自己有蛀牙，當蛀牙侵蝕到牙本質時，才會出現遇到冷、熱、酸、甜而疼痛的情況。所以，家長應該

注意孩子的口腔衛生和保健，每年定期做檢查，及早發現，及早治療。

蛀牙會帶來很多煩惱，如果家裡有孩子正好有蛀牙，感受會更加深刻：牙齒會非常疼，好多美食都吃不了，如冰淇淋、巧克力蛋糕。而且有蛀牙後，牙齒會被蛀成黑洞，難看極了。補牙時，治療機器鑽牙齒的感覺真讓人難受。

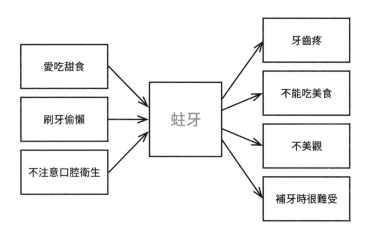

▲ 圖 2.7-4 「分析蛀牙」因果圖參考圖例

對於已經蛀牙的孩子，讓他去思考分析蛀牙的原因和結果，能幫助他正視問題，改正自己的不良習慣，用實際行動遠離蛀牙。對還沒有蛀牙的孩子，透過因果分析，能夠了解到蛀牙帶來的危害，提高自己的護齒意識，從源頭開始：少吃甜食、認真刷牙、定期做口腔檢查，遠離蛀牙的煩惱。

💡 知識拓展

一個完整的因果圖，包括左、中、右三個部分，既有原因也有結果。但是，在生活中，並不是所有的事情，都需要同時關注原因和結果。當分析某些事情，我們只關心原因或結果時，就可以選擇單邊因果圖。

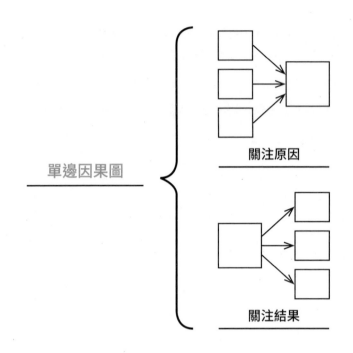

▲「單邊因果圖」參考圖例

　　有一些事情，我們只關注它發生的原因，那就可以來畫一個單邊原因圖。例如我們想要保持身體健康，需要做什麼？那麼，在中心事件「身體健康」的左邊方框裡，可以列出原因：多吃水果和蔬菜，少吃脂肪，注意衛生，儘量每天運動、加強鍛鍊，等等。像這樣，左邊的原因加上中間的事件，這兩個部分就構成了一個單邊原因圖，只關注事情發生的原因。

　　與此相反，如果有一些事情，我們只想探究它發生後帶來的結果，那就可以來畫一個單邊結果圖。例如我們友善地和人說話，會發生什麼事？那在中心事件「和人友善說話」的右邊方框裡，可以列出所帶來的結果：會使人心情愉快，並且對方也會以同樣的善意來回應，友善還能交到更多的朋友。像這樣，右邊的結果加上中間的事件，這兩個部分就構成了一個單邊結果圖，只關注結果帶來的影響。

從思維訓練角度來說，家長要盡量鼓勵孩子思考事情的前因後果，並且是多因多果。但同時也要清楚，在因果分析中，不一定要同時關注原因和結果，應該根據實際情況，來靈活引導孩子運用單邊或雙邊因果圖。

💡 挑戰任務

到這裡，你已經了解因果圖的三要素，也明白它的應用場景有哪些。現在到了實際操作的階段，不如從以下四個挑戰任務中，挑選最感興趣的話題，來實際引導孩子畫圖思考吧！

任務一 　近幾年，隨著電池技術的發展和充電站的擴建，街上見到的電動汽車越來越多。人類為什麼要發明電動汽車呢？想想當下和未來，你認為電動汽車將會對我們的生活、社會，甚至是地球生態帶來哪些新的影響呢？請用上今天學習的因果圖，將你的思考結果呈現出來。

任務二 　班上越來越多的同學開始戴眼鏡了，你知道近視的原因是什麼嗎？近視之後會有哪些影響呢？思考一下，把你的分析結果記錄到因果圖上吧！

任務三 　轉眼又到了炎熱的夏天，一不留神就被蚊子叮個包，奇癢難耐。你知道為什麼夏天的時候蚊子特別多嗎？蚊子帶來的影響有哪些？請查找一下相關資料，將你獲得的資訊用因果圖表示出來。

任務四 　最近，爸爸或媽媽對你發過脾氣嗎？你還記得他（她）發脾氣的原因是什麼嗎？如果爸爸或媽媽生氣了，後果會怎麼樣？反思一下自己的行為，把你猜想和分析得出的結果都畫到因果圖上。

橋形圖（類比思維）

💡 情境導入

> 有一次在飯桌上，孩子突發奇想，問了一個問題：「人為什麼要吃飯呀？」如果是你，會如何來解釋清楚呢？

當孩子對一個全新的、抽象的知識不夠理解時，我們常常會用一個他已知的、熟悉的知識來做連接和串聯，讓他發現原來這兩個知識之間是存在類似關係的，這樣孩子理解起來就非常容易了。

例如，人要吃飯，就像汽車要加油，如果汽車沒有燃料，就沒辦法動了。所以，人不吃飯的話，會怎麼樣呢？當孩子理解吃飯的目的是提供能量後，可以進一步引導他去找出具有相同關係的另一對事物：還有什麼東西是缺乏能量就無法工作的呢？孩子在家裡找了一遍，拿出自己平時玩的平板電腦，說：「平板電腦若是不充電，就沒辦法用了，和人要吃飯是一樣的道理。」

💡 橋形圖怎麼畫？

透過類比推理，我們解答了孩子「十萬個為什麼」之一：人為什麼要吃飯？現在，怎麼把這些思考結果以及類比關係呈現到思維導圖上，讓孩子看得更明白，理解得更透徹呢？跟著以下四個步驟，一起來畫一下吧。

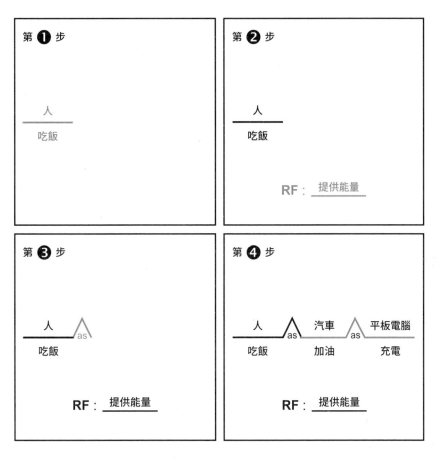

▲ 橋形圖的畫圖步驟

第一步：畫出一條橫線（橋身），在上下位置寫出第一對事物。

第二步：寫出這對事物之間的相關因素「RF」（Relating Factor）。例如：提供能量。

第三步：畫出尖角符號（橋拱），在下面寫上 as，表示「相當於、就像」。

第四步：根據相關因素「RF」，推寫出具有相同關係的第二、第三對事物，長度沒有限制，可以平行並列畫出多座橋。

至此，一個和孩子解釋「人為什麼要吃飯」的類比橋形圖就畫完了。

類比關係對孩子來說相對陌生，常常需要家長用一大段話去幫助他理解一個新概念，而橋形圖的優勢就在於，透過一座長長的橋，可以把一對又一對具有類似關係的事物連接起來，簡明扼要地讓孩子用現有知識去類比理解新知識。而橋形圖裡的相關因素「RF」，也時刻提醒他們，畫在橋上橋下的資訊，彼此之間的關係，一定要符合自己寫出的「RF」。

橋形圖三要素

一、定義

橋形圖的定義是，可視化地表示事物之間類比、類推關係（Seeing Analogies）的思維過程。

根據情境導入的例子及橋形圖的定義，我們可以知道，橋形圖能幫助孩子分析、尋找事物之間的聯繫，透過類比，對新舊知識進行串聯和歸納。另外，橋形圖還有助於孩子利用類比關係，以熟悉的知識去理解抽象概念，延伸學習領域。

二、思維關鍵詞

橋形圖的思維關鍵詞常常和「關係」、「類比」等詞語有關，例如規律、相關性、類推、推出。

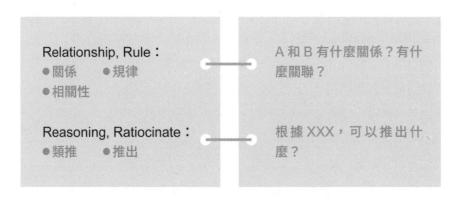

Relationship, Rule：
● 關係　● 規律
● 相關性

A 和 B 有什麼關係？有什麼關聯？

Reasoning, Ratiocinate：
● 類推　● 推出

根據 XXX，可以推出什麼？

▲ 橋型圖的思維關鍵詞

三、引導問題

橋形圖幫助孩子找出事物之間的相關因素，並以此類推出其他組合，所以使用橋形圖思維關鍵詞，就可以提出其引導問題，協助孩子串聯新舊知識。例如，當孩子不了解「地標建築」是什麼意思時，可以這樣來引導他思考：說起北京，你最先想到的建築是什麼？同上，那上海的地標建築又是什麼呢？

這些問題給孩子一個提示：嗯，現在我需要理解一個陌生又複雜的概念，最適合幫助我思考的是哪種圖呢？根據橋形圖的定義，以及它獨特的樣子和功能，孩子很快就能反應過來，選擇橋形圖就對了。

💡 應用場景

現在，我們已經了解橋形圖的三要素，解決了如何選擇思維導圖的問題。再來，請想一下，在以下三個場景中，你該如何引導孩子使用橋形圖，來思考問題的解決方案呢？

場景一 請把左邊的動物和右邊的詞語用線連起來。

連線題

喜鵲	人之良友
狗	生命火花
黃牛	乖巧伶俐
鴿子	勤勞團結
螞蟻	吉祥如意
松鼠	任勞任怨
螢火蟲	威風凜凜
海鷗	友誼使者
百靈鳥	搏擊風浪
獅子	鳴聲悅耳

這是小學語文課常做的詞語連線練習：左邊一列動物，右邊一列形容詞，找出對應的一組並畫出連線。連線題是訓練類比思維常用的一種辦法，能啟發孩子去思考哪些資訊具有相關性，可以進行配對。但是在這類題目的考核中，孩子只關注連線的結果，憑藉語感或生活常識去做答，而缺乏深層的思考，不知其所以然，例如：為什麼要這樣配對？配對的依據和原則是什麼？

在這種情況下，家長可以把連線題轉換成橋形圖，去促使孩子思考配對的事物間，存在什麼關聯性？例如：獅子和威風凜凜有什麼關係？為什麼要把它們連線配對呢？孩子會去想，在電視裡常常看到獅子威武雄壯，在爭奪獵物時行動敏捷、很有氣勢，而在課本上，也看過用威風凜凜去形容一個人的樣子。所以，獅子和威風凜凜的關係就是「象徵意義」，獅子象徵著威風凜凜。

而在電影《南極大冒險》裡，八條雪橇犬與探險隊員互救互助、不離不棄，表現出狗是人類最忠實的朋友。喜鵲叫起來的聲音是「喳喳喳喳」，有點像是說「喜事到家」，而且在牛郎織女的故事裡，每年七月初七牠們會搭起「鵲橋」讓兩人相會，所以喜鵲象徵著吉祥如意。

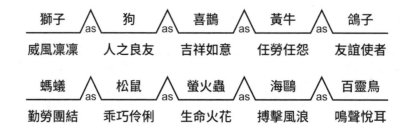

▲「動物象徵意義」橋形圖參考圖例

透過橋形圖，孩子把四字詞語按照「象徵意義」的關係，成對串聯、歸納起來。而且，這個橋形圖還可以根據他的知識不斷累積，繼續延伸下去，做成一個與動物相關的主題詞庫。與連線題相比，這種方式理解起來更加直觀，同時又很方便查找和記憶。

場景二　有一天，孩子好奇地問：「爸爸媽媽每天都在哪裡上班，上班都在做什麼？」與其和孩子解釋職業是什麼，不如直接帶他去兒童職業體驗館，把各種職業都體驗一遍，也正好看看他對哪個職業感興趣。不過玩樂結束後，孩子有可能就把這件事丟了。在這種情況下，你會用什麼問題來啟發孩子思考、總結出體驗活動的收穫呢？

當我們想讓孩子做總結和歸納的時候，很關鍵的一點，就是要幫他指出一個具體的思考方向。比如在兒童職業體驗這件事上，你最想讓孩子了解什麼？像是你知道在社會上有哪些不同的職業嗎？不同職業的人都在哪些地方工作？或是從事不同工作的人，每天要做什麼事情？提出這些問題，都是要讓孩子思考、找出特定職業和工作地點，或是相關的工作內容，從而進行配對。

假設我們想讓孩子了解的是，不同職業對社會貢獻的價值。那麼，給孩子提出的具體思考方向，就是「不同職業能幫助人們做什麼」。

首先，可以詢問：「今天體驗到的不同職業裡，讓你印象最深刻的是哪個？」假設孩子回答是機械工程師，接下來就可以提出第二個問題：「那機械工程師能幫助人們做什麼事情呢？」孩子回憶體驗過程，找出了第一對事物的相關性：機械工程師會幫助人們設計、製造機器。「那麼，從今天的職業體驗裡，你還能找出其他有類似關係的例子嗎？」孩子由此歸納出更多的內容：銀行行員可以幫助人們管理金錢，飛機駕駛可以幫助人們快速到達遠方……

機械工程師　as　銀行行員　as　飛機駕駛
設計、製造機器　　管理金錢　　快速到達遠方

烘焙師　as　園藝師　as　記者
製作美味糕點　　打造花園　　記錄、傳播新聞

RF：　能幫助人們

▲「理解職業」橋形圖參考圖例

　　透過對職業體驗的歸納總結，孩子不但知道了社會上存在各種職業，而且了解到不同職業的意義和創造的價值，對未來的職業規畫，也算有了初步的思考。

場景三　孩子今天在英語課學習了各種方向介系詞，回家檢查英語作業時，發現他把好幾個方向介系詞都填錯了，看來還是不熟悉，如何來幫助孩子記憶英語的方向介系詞呢？

　　英語方向介系詞在生活中的使用頻率很高，但很多孩子在剛接觸時，總是容易混淆，導致口語表達時出錯，不能把一個事物所處的位置關係，清晰地描述出來。

　　其實，在知識點的歸納總結方面，橋形圖是一個好幫手。如果單純從方向介系詞的字面意義去背誦，既不好區分，也不利於孩子形成深刻記憶。而利用橋形圖的類比思維這一特點，我們可以把方向介系詞，按照「反義詞」的類比關係，來讓孩子成對聯想記憶。同時，在畫圖的過程中，用簡單的實物，為孩子演示意義相反的兩個方向介系詞，所對應的擺放位置是什麼樣子。

　　比起零散的、毫無關聯的方向介系詞列表，用橋形圖來幫助孩子成對理解、聯想記憶，可視化效果更加明顯，也更容易使孩子清楚每個方向介系詞所表示的位置關係。

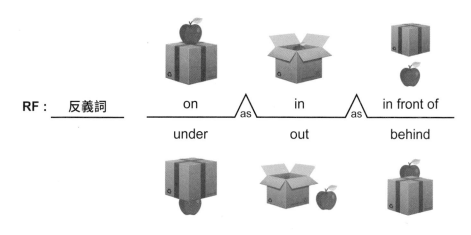

▲「理解記憶方向介系詞」橋形圖參考圖例

💡 知識拓展

在八個思維導圖裡，橋形圖是最難理解的一個。因為在日常生活中，類比思維的應用不是很多，孩子自然會感到陌生。除此之外，橋形圖的組成元素，看起來相對複雜些，既有表示事物相關因素的「RF」，也有表示連接關係的「as」。

而孩子在學習橋形圖時，最大的難處在於，需要自己找到多對事物之間的相關因素，總結歸納出「RF」。對此，家長也不需要過於擔心，幫助孩子思考、歸納「RF」，有一個非常實用的小竅門——就是能夠連接橋上和橋下的資訊，組成一個完整的句子。例如應用場景二，引導孩子理解職業時，歸納的「RF」是「能幫助人們」。我們就用小竅門來檢驗一下這個「RF」是否準確。

「作為一種職業，機械工程師能幫助人們設計、製造機器；銀行行員能幫助人們管理金錢；飛機駕駛能幫助人們快速到達遠方；烘焙師能幫助人們製作美味糕點；園藝師能幫助人們打造花園；記者能幫助人們記錄、傳播新聞。」

在上一段話裡，每一個句子讀起來都是完整、通順的，那麼就證明「RF：能幫助人們」是正確的。反之，如果發現橋上橋下的資訊，在加入「RF」之後，讀

起來不完整、不通順，那就表示「RF」的描述短語不合適，或者橋上橋下資訊的關係，不符合當前「RF」描述的邏輯。在這種情況下，家長就要引導孩子找到問題，做出相應的修改。

孩子在畫橋形圖時，必須掌握兩個關鍵點：一是能清楚、準確地描述出事物之間存在的相關性「RF」；二是根據這個相關性，能類推出更多具有類似關係的其他事物。

💡 挑戰任務

到這裡，你已經了解橋形圖的三要素，也明白它的應用場景有哪些。現在到了實際操作的環節，不如從以下四個挑戰任務中，挑選最感興趣的話題，來引導孩子畫圖思考吧！

任務一 在寫作中，比喻是一種常用的修辭手法，抓住不同事物的相似之處，對其特徵進行描繪和渲染，給人帶來鮮明而深刻的印象。根據太陽像火球一樣，你還能想出更多的比喻，把橋形圖畫得更長嗎？

任務二 從古至今，人類會模仿一些生物的特殊本領，利用它的結構和功能原理來研究、發明新型技術產品，提高工作效率和質量。例如從蝙蝠利用超音波探測定位這一特點，人類受到　發，從而發明雷達。你知道生活中還有哪些仿生學例子嗎？它們存在的相關性「RF」是什麼？請搜尋資料，把你的發現展示到橋形圖上吧！

任務三 你認為小麥和饅頭之間的關係是什麼？根據這個關係，你可以類推出其他更多的事物嗎？用橋形圖來幫助你進行思考吧！

任務四 自從有了支付寶，大家出門幾乎都不帶現金了，掃一下二維條碼就能給錢，方便又迅速。可見，它已改變我們的付款方式，以此類推，現代科技還為我們的生活帶來哪些改變？畫一個橋形圖來呈現你的思考結果。

化繁為簡的使用技巧

做好三大區分，
讓圖示選擇更加得心應手

　　思維導圖總共有八種圖示，雖然已經了解每一種圖示的定義和應用場景，但在實際操作中，仍可能有不少家長，對其中某些圖示存在困惑。整體來說，最常見的困惑在於三組不同圖示的區分，這裡我們就簡稱為「三大區分」吧。

1. 同樣鍛鍊發散思維，圓圈圖和氣泡圖有什麼區別？
2. 樹形圖和括號圖都表示「分」，兩種圖的區別在哪裡？
3. Thinking Maps 和 Mind Map 都被譯作「思維導圖」，這兩者的差異點在哪裡？
   孩子應該如何來學習？

　　既然是兩兩比較，那馬上來學以致用，接著分別用三個雙氣泡圖，依次對「三大區分」進行深度對比。

圓圈圖和氣泡圖的區別

　　圓圈圖和氣泡圖都是由大小圓圈組成的，資訊皆可以 360°分布，這兩種圖之間究竟有什麼區別呢？

　　先看相同點：

　　夏面的雙氣泡圖中，中間的小氣泡代表圓圈圖和氣泡圖的相同點。從思考過程上看，它們都是圍繞著一個中心主題，來展開發散聯想，都能培養孩子的發散

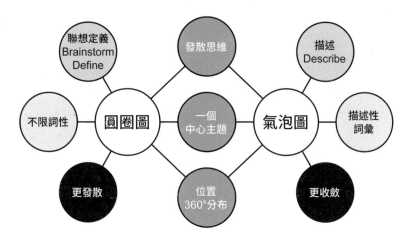

▲ 比較圓圈圖和氣泡圖的區別

思維。另外，從資訊的陳列方式上看，無論是圓圈圖還是氣泡圖，我們聯想到的所有資訊，都是 360°分布在中心主題外圍，沒有層級之分。

再來看看兩者的區別：

最上面的一對小氣泡，表示這兩種思維導圖對應的定義：圓圈圖是「聯想和定義」，而氣泡圖則為「描述」，這是兩種思維導圖最本質的區別。

中間這一對小氣泡，表示在這兩種思維導圖上書寫資訊時，所用到的不同詞性。在圓圈圖上，所有的資訊都是不限詞性的，只要是跟中心主題相關的任何資訊，都可以放進大圓圈裡。而在氣泡圖上，小氣泡裡的資訊要求是描述性詞彙，例如形容詞或形容詞短語等。

最後一點區別表現在下面這一對小氣泡上。正因為圓圈圖對資訊沒有詞性限制，使得它更適合用於聯想、發散思考的場景，例如腦力激盪。和圓圈圖相比，雖然氣泡圖也需要用到發散思考，但聯想的範圍更收斂一些，小氣泡裡的資訊更著重於對中心主題的特徵描述。

我們可以透過以下兩個圖例來感受一下，在實際思考過程中，使用圓圈圖和氣泡圖的區別在哪裡。

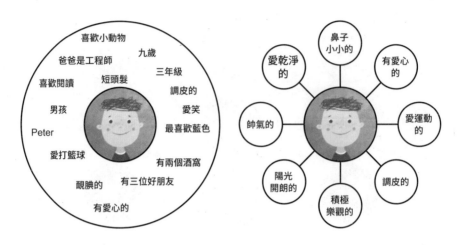

▲ 用圓圈圖和氣泡圖來做自我介紹

　　假設你是這個小男孩 Peter 的朋友，你會怎麼介紹他？發散思考這個問題，你既可以用圓圈圖，也可以用氣泡圖。

　　在左邊圓圈圖裡，你聯想到和 Peter 有關的各種資訊，在這些資訊裡，既有陳述性——九歲、短頭髮、有三位好朋友、爸爸是工程師，也有描述性——調皮的、愛笑、喜歡閱讀、愛打籃球。當你向別人介紹 Peter 時，就會用到圓圈圖中的這些內容。

　　而當你想更具體地介紹 Peter 這個人怎麼樣時，就會用到右邊的氣泡圖來描述。同樣是圍繞 Peter 這個小男孩，氣泡圖的重點落在對中心主題的描述上，小氣泡裡的資訊有——陽光開朗的、積極樂觀的、愛運動的、調皮的，這些都是描述性的詞語或短語，把 Peter 的性格特點都生動地描述出來。

　　同時，因為氣泡圖側重於培養孩子的描述思維，而我們在描述一個事物時，使用的詞語當然越多樣、越豐富越好。所以，當孩子想出一些口語化的描述資訊時，家長可以引導孩子做詞語轉換。例如：「愛笑的」可以轉換為——陽光開朗的、積極樂觀的。類似這樣的詞語轉換，可以幫助孩子不斷學習和累積新的詞語，在口語和寫作表達上會更上一層樓。

簡單總結一下，圓圈圖可以承載與中心主題相關的所有資訊，在做腦力激盪、發散思考時，自由度更高。而氣泡圖是在圓圈圖的基礎上，對資訊進行篩選，只保留描述性的，更適合對中心主題做特性描述。從這個意義上就可以理解，氣泡圖的發散思考範圍比圓圈圖的更收斂。

樹形圖和括號圖的區別

樹形圖表示「分類」，括號圖表示「拆分」，這兩種圖都和「分」有關，具體有什麼差異呢？我們先透過兩個圖例，來感受一下。

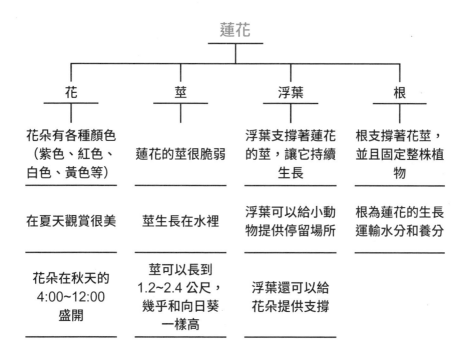

▲「蓮花」樹形圖

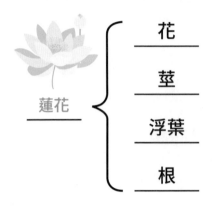

▲「蓮花」括號圖

　　上面的樹形圖和括號圖都是以「蓮花」為主題，對它的組成部分進行思考。既然是同樣的主題，為什麼會用兩種思維導圖來表達，它們之間有什麼區別？

　　仔細觀察後你會發現，這一頁的括號圖，是對蓮花的物理組成進行拆分思考的。一朵蓮花由花（flower）、莖（stem）、浮葉（lily pad）和根（roots）四個部分組成。這個括號圖，強調對蓮花整體與部分關係的認識和理解。

　　而上一頁的樹形圖，它不但在樹枝的位置上，表現了一朵蓮花的組成部分，而且在樹葉的位置上，還列出每一個組成部分的細節說明，包括蓮花的科學數據、功能特點、生長習性等，強調的是對蓮花的詳細闡述、解釋。

　　透過分析這兩個例子，樹形圖和括號圖的相同點和差異點也比較出來了。

　　先看相同點：

　　中間的小氣泡，代表樹形圖和括號圖的一些相同點。從思考過程上看，它們都在「分」中心主題，亦即從一個主題分出其他資訊。除此之外，在「分」的過程中，兩個圖都支持多層結構，樹形圖可以對主題進行多層級分類，括號圖可以對主題進行多層級拆分。

　　再來看看兩者的區別：

第一個不同點，括號圖的「分」，表示一個事物從整體到部分的拆分，例如認識蓮花的組成部分有哪些。而樹形圖的「分」，表示一個事物的多種分類標準，除了可以按整體與部分的關係進行分類，還能按功能、性質進行分類，沒有唯一的標準。

第二個不同點，括號圖拆分出的各個組成部分之間，是存在一定連結的。例如蓮花的拆分、自行車的拆分、智慧型手機的拆分等，畫在括號圖上的每個組成部分，彼此之間都是有物理聯繫的。而樹形圖則不一定，例如「你會怎麼分類幾何圖形？」待分類後，得出圓形、三角形、正方形、長方形四個類別，它們之間就不存在聯繫，是彼此獨立的，因為樹形圖強調分類標準的唯一性，不可以出現重疊、交叉。

第三個不同點，是關於兩個圖裡資訊的多樣性。在括號圖中，對拆分出的各個組成部分，強調的是名稱、概念。例如蓮花的花、莖、浮葉和根，這是四個組成部分的名稱。而在樹形圖中，訊息更加綜合，既可以有名稱、概念，也可以有細節闡釋。例如，在蓮花樹形圖裡，表現更多的是對每個組成部分的細節說明，如其特點、生長習性等。

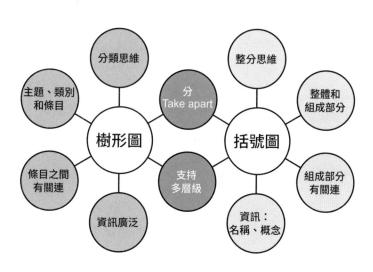

▲ 比較樹形圖和括號圖的區別

💡 Thinking Maps 和 Mind Map 的區別

在國內，Thinking Maps 與 Mind Map 都被翻譯為「思維導圖」，使得很多人誤以為它們是同一種思維工具。但事實上，這兩種思維導圖不僅起源不同，而且在圖示特點、應用場景上也有較大差異。

首先，來簡單了解一下被大眾熟悉、已廣泛應用的 Mind Map（也被譯為「心智圖」）。

Mind Map 是英國的東尼 · 博贊先生，在 20 世紀 60 年代發明的一種思維工具。最早是為了解決大學生記錄課堂筆記的困難——大學裡要學習的知識很多，但大腦卻無法消化所有內容。所以，博贊先生開始思考、探索記住所有資訊的方法。在大學時，他曾經把一百頁左右的筆記，簡化成只有十頁的關鍵資訊。

到了後來，Mind Map 逐漸發展，被運用到學習、寫作、活動策劃、項目管理、產品創意等各個方面，被認為是整理知識點、提高記憶力的高效思維工具。1991年，博贊先生創辦了世界記憶大賽，Mind Map 開始走紅全球。

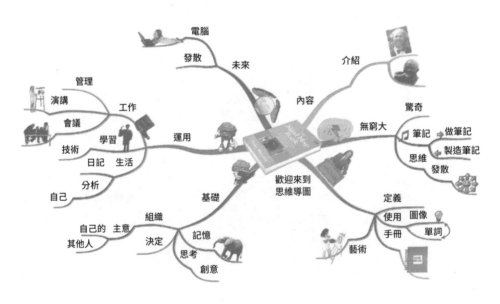

▲ 東尼 · 博贊為《思維導圖》製作的概覽

　　左頁圖是博贊先生為他的著作《思維導圖》（The Mind Map book），製作的一張 Mind Map 圖例。圖上用不同顏色畫出的六條主分支，代表這本書的六個主要章節。在每一條主分支下，又細分出多級小分支，列舉出每個章節的內容概述。藉助這個圖例，可以總結出 Mind Map 的三個顯著特點：第一，注意力的焦點在中央圖像上，強調從一個中心進行發散聯想；第二，具有多級分支；第三，各個分支由關鍵詞、線條、顏色和圖案四種元素組成。

　　那麼，本書介紹的 Thinking Maps 和 Mind Map 有什麼區別呢？來看下面這個雙氣泡圖對二者所做的系統比較。

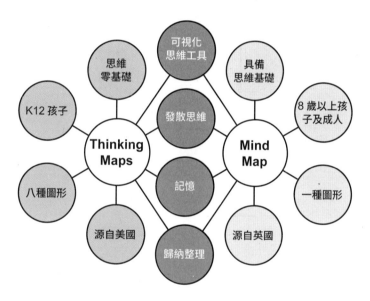

▲ Thinking Maps 和 Mind Map 的區別

　　先來看共同點：它們都是可視化思維工具，都可用於發散思考。Thinking Maps 中的圓圈圖和氣泡圖和 Mind Map 類似，皆藉助資訊自中心向外圍 360° 輻射的方式，來激發聯想思考。同時，它們也都擅長歸納整理資訊，進而輔助記憶。Mind Map 透過多層分級、顏色、圖案等來整理資訊。而 Thinking Maps 中的樹形圖和括號圖，也能幫助我們從不同維度上歸納資訊。

例如：用括號圖對電腦進行多層級拆分，幫助孩子了解每一個組成部分的功能是什麼；用樹形圖對書籍進行多層級分類，讓孩子學會分類整理自己的書櫃。

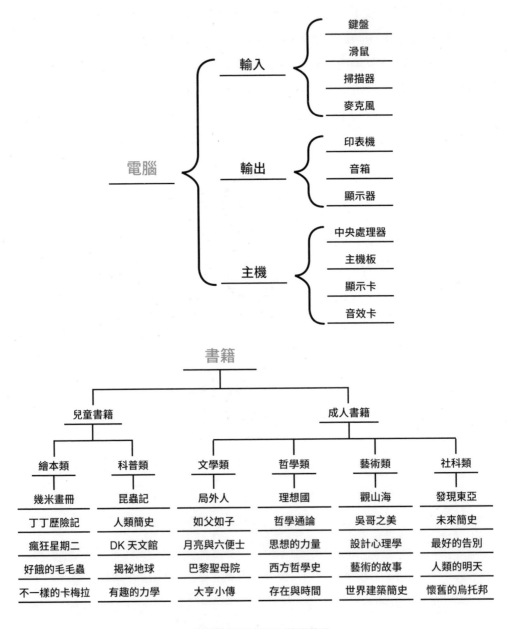

▲ 括號圖和樹形圖用於資訊整理

那麼 Thinking Maps 和 Mind Map 相比，有哪些區別呢？

透過 131 頁的圖我們看到， Thinking Maps 源自美國，有八種圖示，每一種圖示表示一種特定的思維類型。正因為八種圖示和思維類型具有一一對應的特點，所以它非常適用於學齡前兒童的思維啟蒙，從圓圈圖的發散聯想開始，逐步學習氣泡圖的描述，樹形圖的分類，雙氣泡圖的比較和對比等等，以此打好思維能力的基本功。

同時，由於 Thinking Maps 具有簡單易懂的特點，在北美 K12 學校受到大力推行。老師從幼稚園大班開始，即將其作為教學工具，結合學習內容在課堂上做大量的思維訓練，不但孩子容易理解、掌握，家長也都非常認同。

與 Thinking Maps 相比，Mind Map 源自英國，它的圖示只有一種，也就是說，同一個圖可以表示多種思維類型，例如發散聯想、分類、順序等。正因為如此，Mind Map 要求學習者具有一定的思維基礎，理解如何用同一種表現方式，去區分不同的思維類型。所以說，Mind Map 一般適合八歲以上的孩子及成年人學習。

對於大多數孩子而言，建議先掌握 Thinking Maps，再學習 Mind Map。

掌握三個小技巧，讓學習更有成就感

　　孩子在剛剛接觸、學習思維導圖時，家長的示範和引導尤其關鍵。思維導圖作為一種思維的語言，需要逐步練習，但這個練習過程孩子無法獨自完成，需要成人協助。這裡幫家長們準備三個小技巧，如果能好好把握，孩子在學習使用的過程中，將會獲得更多的成就感，在學好、用好思維導圖的路上，也能走得更遠。

在思考過程中，學會區分事實和觀點

　　思維導圖可以反映出，孩子在解決某一問題時的思考過程，包括影響思考的因素有哪些，對知識的理解達到哪種程度等等，家長都可以根據孩子畫的思維導圖得到答案。也正因如此，父母更需要注意一點：適時讓孩子複習導圖上的資訊，區分好事實和觀點。

　　什麼是事實？什麼是觀點？我們透過下面這張圖來了解其中的區別。

與蘋果相關的事實：

· 蘋果是一種水果
· 蘋果是長在樹上的

與蘋果相關的觀點：

· 蘋果是最好吃的水果
· 蘋果嘗起來是香甜的

▲ 事實與觀點的區別

不難看出，事實是指可以被觀察、被衡量、被證實的客觀真實情況。所以，事實是不可改變的。例如，「蘋果是一種水果」，「蘋果是長在樹上的」，這兩點都屬於事實。

而觀點是什麼呢？觀點是指站在一定的立場和角度，對某一事物持有的主觀看法。可見，看法是會根據實際情況而改變的，例如：「蘋果是最好吃的水果」，也許過一段時間，喜好會有所改變；而「蘋果嘗起來是香甜的」，這樣的主觀看法也因人而異，有人覺得甜，有人覺得酸。所以，以上兩句陳述都屬於個人的觀點，而不是事實。

在孩子畫完一個思維導圖後，家長可以適時引導他來說明圖上的資訊，哪些來源於客觀事實，即之前學過的知識，看過的視頻，或讀過的書籍等等；哪些來源於個人的主觀看法，即關於好壞、喜惡、對錯的陳述等。

家長們不要小看這一步，區分事實和觀點，是獨立思考的開始，也是培養孩子批判性思維的起點。從大的方面來說，能訓練孩子的邏輯思考能力，讓他的腦子更清楚。往小的說，能使他更容易與人溝通，至少能把話說明白，會用事實去支持自己的觀點，同時也避免一些無謂的純觀點性爭執。

所以，無論是隨意地描述一個事物，還是嚴肅地對其做出評價，我們都要注意引導孩子區分事實和觀點。在這個獨立思考和質疑的過程中，孩子能逐漸體會到思考的樂趣和它帶來的成就感。

畫圖是最終目的嗎？

家長看到許多與思維導圖相關的文章分享，包括本書用到的各個圖例，出於對效果的考量，所展示的思維導圖往往都是圖文並茂、色彩繽紛的。但是，在孩子實際的學習、使用過程中，畫出的思維導圖大多數並不那麼美觀。特別是在學齡前孩子的啟蒙初期，他們還不會寫字，畫出的線條可能歪歪扭扭，也沒有形象、精美的配圖。事實上，這是非常正常、普遍的現象，家長完全不必擔心。

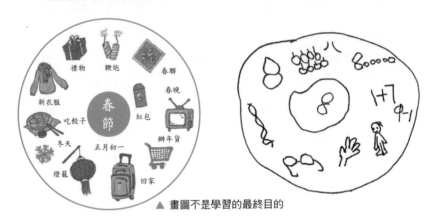

春節

禮物　鞭炮　春聯　春晚　紅包　辦年貨　回家　正月初一　燈籠　冬天　吃餃子　新衣服

▲ 畫圖不是學習的最終目的

　　畫思維導圖的最終目的，是幫助孩子整理和表達思維，讓思考、解決某一問題的過程和結果可視化，而不是為了追求美觀。所以，在孩子繪製思維導圖的過程中，請家長不要以畫得好或不好、美或不美來作為評價標準，這些不必要的話語，會成為孩子自由表達的負擔。

　　從思維導圖的八個圖示設計來看，都是由最簡單的圖形和線條構成的，孩子非常容易上手畫出每個導圖的框架。至於圖上的具體內容，既可以是簡單的標記符號，也可以是隨手塗鴉，只要是能表達出孩子想法的方式，家長都應該鼓勵他獨立來完成。孩子畫圖的過程，除了可以把腦袋中，對問題思考的結果進行可視化，反過來也能幫他驗證思考的有效性。

　　如果家裡的孩子正處於 3 ～ 5 歲的學齡前階段，本身文字能力和抽象化表達能力還比較弱，實在沒有辦法獨立去完成畫圖的過程，應該如何來學習思維導圖呢？

　　首先，家長可以協助孩子畫圖，但不是完全代筆，而是透過語言或是圖例示範去引導。例如，當孩子想表達「蘋果很甜」，而他不知道「甜」該怎麼寫的時候，家長可以引導他想一想，有什麼食物也能表達出「甜」的感覺？例如棒棒糖、

巧克力、冰淇淋等。那麼，從這些圖案裡選一個畫到圖上，就可以輔助孩子表達出「甜」的想法。

其次，如果孩子想表達的，連家長也畫不出來，那麼使用貼紙，或者在網路上找出相應的圖片列印出來，剪好，讓孩子自己黏貼到思維導圖上，也是非常棒的方法。

總而言之，家長在輔導學齡前兒童畫思維導圖時，有兩點需要注意：第一，引導孩子打開思路，對問題進行深入思考；第二，適時幫助孩子把思考的內容可視化地表現出來，不讓畫圖的難度，打擊孩子的積極性和自信心。

讀圖是關鍵

畫完思維導圖，並不意味著思維訓練就此停止。請家長切記，一定要鼓勵孩子讀思維導圖（以下簡稱「讀圖」），這才是掌握好思維導圖的黃金鑰匙。

來看以下的圖例，孩子周末從動物園遊玩回來，畫了一個圓圈圖。圖上有大象、河馬、啄木鳥、旋轉木馬、漢堡和可樂。這時候，假設你是孩子，會怎樣來讀這個圓圈圖？

▲ 圓圈圖讀圖示範

在孩子剛開始嘗試讀圖時，最常出現的情況是，照著圖上畫出的東西，依次念出來。例如：我今天去了動物園，看到大象、河馬和啄木鳥，還去玩旋轉木馬，在麥當勞吃漢堡和喝可樂。

一次高質量、精彩的讀圖，僅僅照本宣科是遠遠不夠的，孩子需要根據圖上記錄的關鍵資訊進行擴充，再透過語言組織、串聯起來，用完整的句子，充分表達出自己的思考過程和結果。回到上一個圖，孩子為什麼會聯想到這些事物？它們彼此之間有什麼關聯嗎？這些疑問，都需要聆聽他的讀圖才能解答。以下文字是從孩子的讀圖中整理出來的，家長可以感受一下，在這個簡單的圓圈圖裡，孩子分享了多少資訊。

「我今天和大家介紹的是美麗的動物園。我們首先來到大象館，然後我們給大象扔了一根大象最喜歡吃的香蕉。大象的鼻子好長，一捲就把香蕉捲進去了。然後我們又來到河馬館，河馬的大牙齒實在是太大了，我們用刷子「唰唰唰，唰唰唰」，一下子就把牠的大牙齒刷乾淨了，不會長蛀牙。旁邊的啄木鳥醫生正在給一棵生了病的樹捉蟲子，啄木鳥大夫的嘴又長又尖。

說到啄木鳥醫生能吃蟲子，我們的肚子也餓了。我們來到麥當勞，買了幾個漢堡。我本來還想買可口可樂，可是爸爸說不能喝可口可樂，不然肚子會疼，所以爸爸只給我買了一杯果汁。吃飽以後，我去玩旋轉木馬，大家不知道吧，旋轉木馬還會在動物園裡出現。今天的動物園之旅到此就結束啦。」

在前面分享「畫圖不是最終目的」這一小技巧時，也提到過，學齡前孩子的文字表達和繪圖能力還不夠，畫出來的內容，常常連家長也很難直接辨識。那麼，作為父母，怎麼去讀懂孩子的思考過程和結果呢？其實就是靠讀圖來實現。

常常做這樣的口頭分享練習，既能幫助孩子進一步確認他畫進圖裡的資訊，做好查漏補缺，同時，還能增強他對資訊的理解和記憶。而作為家長，也能更加清楚了解孩子的思考過程，即他在邊想邊畫中，最先想到的是什麼，中間出現了

什麼問題，最後又是怎麼找到答案的。

　　出色的語言表達能力不是一蹴可幾的，哪怕是照著圖來念，也是一個小小的開始。家長除了多鼓勵孩子，還可以適時做示範，讓他從中學習一些語言表達技巧，再反覆練習。讀圖能直接給孩子帶來成就感，因為這是一個可以「秀」出來的過程，孩子都喜歡別人聽他說話，聽他的意見，尤其是他思路越來越清晰、有條理，感受到分享的流暢和快樂時。

　　簡單來說，畫思維導圖是培養孩子的思考能力，讀思維導圖是培養孩子的口頭表達能力。這兩者結合起來，他才能真正掌握好思維導圖。

　　前面談到的三個小技巧，恰好也是一次完整思維訓練，應該包括的三個步驟：第一步，從實際的問題出發進行思考，注意區分好事實和觀點；第二步，把思考得出的結果，清晰、完整地呈現在思維導圖上；第三步，也是最重要的一步，一定要鼓勵、引導孩子讀思維導圖，幫助他理清思路。

培養優秀思維力的三部曲

從本質上來說，思考是思維的一種探索活動——頭腦對資訊進行發散聯想、對比分析、因果推理、綜合判斷等，需要一系列加工處理的過程。在早些年的腦科學研究裡，曾經簡單地把人的大腦類比為電腦的 CPU（中央處理器），接收一切數據，透過運算處理後輸出。所以，思維過程可以簡單概括為輸入、處理、輸出三個階段，要想培養孩子優秀的思維力，也需要對這三個階段反覆進行練習。

輸入——提出一個好問題

在輸入階段，家長要做到最關鍵的一點，就是給孩子提出一個好問題。「問」是思維的起點。而什麼樣的問題，才算得上好問題呢？這裡涉及兩個層面的考慮。

第一，提出的問題是否足夠具體，孩子是否感興趣？當孩子面對一個自己感興趣的問題時，好奇心會被充分激發，求知慾也會隨之增強。而提出的問題越具體，孩子的思考方向也就越明確。

第二，提出的問題難度是否適當？如果一個問題在孩子已經掌握的知識範疇內，那麼他就能很輕鬆的回答出來。相反地，如果一個問題的難度，超過孩子現有的知識水準和能力，他就容易產生畏懼和退縮情緒，害怕受挫。

除此之外，每一個好問題，只有放在具體的場景中，孩子才容易理解，思考解決這樣的問題，也才更有意義。在生活和學習中，家長需要提問的場景肯定不少，例如孩子做錯了數學題，帶著他重新運算時，就必須提問：「你解題時的思

路是什麼？透過哪些步驟得出答案？」

和孩子一起討論他放學後要做的事情，安排作息時間表時，也得要提問：「你計畫要做哪些事情？每件事情需要多少時間完成？你認為這樣的安排合理嗎？」諸如此類，都是在孩子日常生活和學習中，會遇到的實際提問場景。

同時，為了重點培養孩子某一方面的思維能力，有時候也可以設計一些場景進行提問。如為了培養孩子的描述思維，可以請他來描述一種自己最喜歡的水果。為了培養孩子的發散、聯想思維，可以讓他做腦力激盪，自由聯想生活中看到的某一種形狀等等。

無論是實際的、還是有意設計的提問場景，家長都要先做出兩個判斷：第一，孩子熟悉、關注的內容是什麼？對什麼感興趣？找到這樣的具體場景，才能把他帶入真實生活裡。第二，在這種場景中，你想讓孩子使用的思維導圖是哪一個？想清楚這兩點，再提出一個引導問題，才能清楚指導孩子使用對應的思維導圖。

如果孩子經常面對各種自己感興趣，並且有價值、有意義的思考問題，那麼大腦的思維，就會保持在一個相對活躍的狀態。因此，家長若想培養孩子的思維能力，就要學會多向孩子發問，從習慣性地「教孩子」轉換為「問孩子」。

例如，當孩子閱讀了一篇和智能機器人相關的科普文章，興奮地表示：「智能機器人真是太厲害了！」此刻，家長要做的不是附和，不是表達自己的看法：「是啊，機器人不僅可以幫我們做家事，還能跟人語音對話呢。」而是應該打鐵趁熱，向孩子拋出一個與此相關的問題：「想一想，智能機器人可以幫人類做哪些事情？如果請你來設計，你還想讓它具備什麼能力？」孩子既能從已知的一些知識中找到答案，又能透過查閱資料去做進一步的創新思考。

而在思維導圖的學習中，強調的是要在這個好問題裡，有意識地加入思維關鍵詞，讓孩子感受到這是選擇特定思維導圖的信號，例如在前面關於機器人的提問裡，就用到圓圈圖的思維關鍵詞「想一想」。

所以，綜合以上幾點，家長要提出的一個好問題，應該是這樣的：既能引發孩子的好奇心，又能引導他進入特定思維導圖的使用場景，還具有一定的挑戰難

度。而難度的級別，是在家長的鼓勵和引導下，孩子能夠挑戰和跨越的。思考解決這樣的好問題，孩子會更加投入和專注，帶來的成就感也就更大，隨之也能提升思維水準。

💡 處理──充分思考

培養孩子優秀思維力的第二個階段，就是處理輸入的資訊，亦即引導他使用思維導圖，對問題進行充分思考。對於不同年齡層的孩子，引導方法也有所不同。如 5～8 歲，對抽象概念的理解能力還不夠強，卻特別擅長模仿。所以家長教給他們任何一種知識或技能，都必須要有充分的示範。前期儘量和孩子一起多想問題，在了解他們思考過程的同時，也把自己一些成熟的想法畫出來，讓孩子有所感受。到了一定階段，再逐步放手，讓他去獨立思考。

而對於 8 歲以上的孩子，學習思維導圖的意義更多在於：規範成型，讓思維水準更上一層樓。在學習初期，理解和使用八種思維導圖並不算難，但在思考階段，家長需要給他們適度的挑戰。

舉個例子，同樣是畫氣泡圖，對於大一點的孩子，家長可以指定氣泡數量。同時，在思考的品質上，要求孩子能正確分辨哪些氣泡是事實描述，哪些是觀點描述。另外，還可以透過比賽的方式展開家庭腦力激盪，看誰得出的思考結果更多。這樣一個小技巧，既挑起孩子的鬥志，又能激勵他進行更多的思考。

充分思考的一個關鍵點，是要鼓勵孩子跳出既定框架來思考問題。舉個例子，如果問他：「你會怎麼樣來 DIY 一個創意漢堡？用括號圖把想法畫出來吧。」可能大部分孩子的思考結果，只達到「DIY」的層面，還談不上真正的「創意」，譬如選擇的都是自己愛吃的食物和醬汁，最後用兩片麵包把它們夾在一起。在教學過程中，我們發現，只有極少數孩子能真正跳出固有的思維模式，按照自己的創意，製作了不一樣的漢堡。

如右頁圖展示的兩個括號圖，一個是適合在夏天享用的創意水果漢堡，而且

▲「創意漢堡DIY」括號圖

孩子選擇椰子絲的原因不單是好吃，更是為了防止上層的葡萄滑落，很少有孩子會從可行性層面，去思考為什麼要這樣來製作漢堡，更多的是根據自己的喜好來做選擇和判斷，這時就需要家長的適當引導。

另一個創意漢堡——蟲蟲漢堡，表現出的創新想法在於，這是給小雞卡梅拉準備的。當大多數人都在想著，怎麼給自己做一個好吃的漢堡時，這個孩子想到要給小雞做一個專屬的「蟲蟲漢堡」，選擇的材料，是小雞愛吃的麵包、蚯蚓、樹葉和螞蟻等。

擺脫固有的思維模式，是培養思考力的根基，家長除了可以引導孩子，從不同角度去思考問題，也能提供更豐富多樣的資訊來源給孩子。當全面了解事物之間的關係後，孩子才能更有效地解決問題，提升自己的思考力。

輸出——自由表達

培養孩子優秀思維力的最後一個階段，就是輸出——展示自己的思考結果。輸出的第一步，就是把思考結果可視化，即畫思維導圖。在畫圖時，家長容易出現的一個極端做法是，認為畫圖是孩子的事，完全放手讓他自己去畫，能畫出什麼就是什麼。這樣的做法對孩子產生的影響，是他認為自己畫到這種程度就可以了、滿足了，並不知道如果轉換一個思考角度，就能想出更多的結果。

孩子在剛學習思維導圖，特別是初學畫圖的時候，非常需要家長的引導。只有透過成人的　發，孩子才能了解到不同的思考角度有哪些。同時，大人提出引導問題，協助查閱資料的過程，本身也是在為孩子做示範。在這樣的指導之下，孩子方能完成一個高品質的思維導圖。

輸出的第二步，就是複習思考過程，即我們前面提到的讀思維導圖。這兩個步驟同等重要，孩子畫完思維導圖後，家長應該打鐵趁熱，鼓勵他做一個口頭分享，使用完整的句子，把思考的過程和結果流暢地表達出來。對孩子來說，這是一個幫助他對資訊查漏補缺，增進理解和記憶的過程。對家長來說，也是判斷孩子思路和表達是否清晰的一個有效途徑。

在孩子讀圖的過程中，家長需要參與更多，不僅要檢查孩子畫到思維導圖上的資訊是否正確，表達的思路是否清晰，使用的語句是否通順，還要適時地啟發他，對思考主題展開更廣泛的聯想，甚至還需要引導孩子，在讀圖過程中，對自己畫出的圖進行修正。

舉例來說，孩子畫了一個「比喻大串燒」的橋形圖（如下）。那麼，他可能會這樣來讀圖：湖面像鏡子一樣，楓葉像火焰一樣……這樣的讀圖只能勉強及格，距離優秀還有一段距離。優秀的讀圖，意味著孩子可以把自己思考的過程表達出來。想要達到這個目標，家長的引導必不可少。

例如，可以向孩子提問：「你為什麼會這樣做比喻呢？你認為這兩個事物有哪些相似的特徵？」這些問題可以幫助孩子，檢驗自己思考的內容是否正確，也就是表達的喻義是否形象、恰當。結合思考與提問，孩子的讀圖品質會進一步升級為：湖面平靜得像一面鏡子，火紅的楓葉像一團火焰。

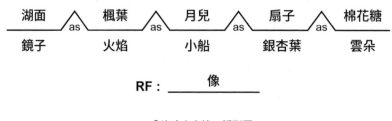

▲「比喻大串燒」橋形圖

💡 總結

培養孩子優秀思維力的方法如上所述，一環套一環，從問題開始，思考得出結論，再引導出進一步的問題，循環往復。孩子使用思維導圖做了大量訓練後，他的思維過程將會逐步演化為思維模式，進而形成思維習慣。再遇到新問題時，就能快速反應和選用八種思維導圖裡，對應的思維模式來幫助思考、解答。

思維導圖是把思維進行可視化的一種工具語言。那麼，學習任何一種語言，就是要反覆練和用。只有去練，才知道畫導圖的困難在哪裡；只有去想，才知道導圖如何幫助思考；只有去讀，才知道自己是否把問題想清楚、說明白了。

引導孩子學習思維導圖，家長可以從他熟悉的生活場景、感興趣的話題入手，在生活中反覆練習、逐步發展，讓孩子掌握思維導圖的基本能力後，再應用到學科學習中。

尤其值得一提的是，當孩子剛開始學習思維導圖時，我們並不建議家長完全放手，任由他去自由思考和畫圖。孩子可能對一些事物，有獨特的思考角度和看法，但終究不夠成熟，對思考結果也缺少批判性的認知。在這種情況下，家長的引導和示範就顯得格外重要。透過引導，打開孩子自由思考的閥門，透過示範，為孩子指引成熟的思考表達方式，讓他在興趣和挑戰中，學會思考，愛上思考。

在長期的思維導圖教學中，我們也注意到，大多數思維力優秀的孩子，既能把圖畫得清晰，也讀得精彩。孩子和家長，都投入很多時間和精力在學習中。因此，要想真正掌握好思維導圖，孩子的主動思考和家長的引導，二者缺一不可。

Chapter 4

延展應用——
讓學習力一飛沖天

思維導圖用於閱讀

說到閱讀，美國小學非常值得借鑑。他們對閱讀的重視，不是停留在精神支持和口頭鼓勵的層面，也不僅表現在提供大量的書籍和留有充足的時間，而是整個教育體系對閱讀能力的培養和幫助，做得很系統、很廣泛。美國小學把孩子的閱讀分為兩個階段：

Phase1：Learn To Read （階段 1：學習閱讀）
Phase2：Read To Learn （階段 2：在閱讀中學習）

第一個階段強調孩子需要學習如何閱讀，第二個階段則是希望孩子透過閱讀來學習。

在美國學校各式各樣的閱讀輔助工具裡，思維導圖（Thinking Maps）是使用最為頻繁的一種。作為一種可視化思維工具，無論是學習閱讀，還是在閱讀中學習，它都能引導孩子們在閱讀過程中積極思考，收穫更大。

學習閱讀

閱讀是需要學習的。同樣的內容，閱讀能力的差異，會讓效果大不相同。雖說開卷有益，但開了同樣的「卷」，花了同樣的時間，不同孩子得到的「益」也絕對有天壤之別。

　　剛剛開始閱讀的孩子，往往抓不住訣竅。有時我們會發現，孩子自己讀了半天，每個字都認識，但書上到底在說什麼，他們一臉茫然，讓人非常著急，這就是所謂的「無效閱讀」。

　　很多孩子都有無效閱讀的情況，到了學齡期就會直接表現在考試中，因為看不懂題目。應對的辦法，則是經由我們的引導，讓他學會在閱讀中尋找關鍵詞，理解資訊之間的邏輯關係，感受作者在書寫和表達上的技巧和策略，了解文字的內在意義、感情色彩和帶給自己的啟發。

　　思維導圖是幫助孩子學習各種閱讀方法的可視化利器。

閱讀從閱讀計畫開始

　　閱讀是學習的基礎，擁有良好的閱讀習慣和閱讀能力，能讓孩子「厚積而薄發」，在學習道路上走得更順、更遠。提升閱讀能力離不開大量閱讀，孩子需要多讀書，讀好書。例如新課程標準，對小學低年級學生課外閱讀提出的要求是，「喜歡閱讀，享受閱讀的樂趣。課外閱讀總量不少於十萬字」。一年閱讀十萬字，相當於本書的文字量。怎樣才能具體做到呢？家長首先要做的，就是幫孩子擬定一份閱讀計畫。

　　閱讀計畫能讓孩子更有目標和動力，同時，親子一起擬定閱讀計畫，也能幫助孩子均衡地選擇書籍的種類，拓寬閱讀範圍，不致「偏科」——只盯著同一類書籍。

　　後附一個二年級孩子和媽媽一起繪製的樹形圖，為長長的暑假制訂了一份閱讀計畫。這份計畫內含孩子特別感興趣的動漫、科普，也囊括文學、藝術、歷史，可謂是一份營養豐富又均衡的暑期閱讀「菜單」。

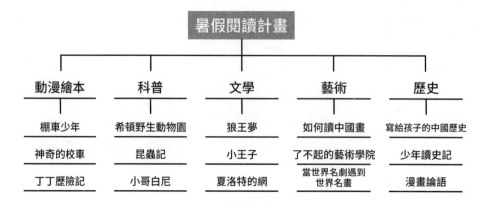

▲ 暑假閱讀計畫

　　需要提醒爸爸媽媽的是，制訂閱讀計畫時，除了列出具體書目，還應考慮閱讀時間。根據兒少專家的建議，7～9歲的孩子，每天需要定時定量地完成一定的閱讀任務，如固定三十分鐘，這樣才有助於孩子養成良好的閱讀習慣。

帶著問題閱讀是關鍵

　　好的閱讀計畫是高效閱讀的開始，而想要真正完成高質量的閱讀，帶著問題去讀書是很好的策略之一，也是孩子學習閱讀的一門必修課。一起來看看閱讀課堂上這個例子：

　　《石頭湯》是美國作家瓊·穆特創作的兒童繪本故事。在故事中，三個和尚來到一個飽經苦難的村莊，村民們長年在艱難歲月中生活，心腸變得堅硬，不願接納任何人。可是，和尚們用煮石頭湯的方法，讓村民們不自覺地付出很多，也明白付出越多回報越多的道理。

　　「石頭湯」，這個對大人都充滿吸引力的故事題目，當然也會讓孩子感到有趣、好奇：「石頭怎麼能做湯呢？」「石頭做成的湯會是什麼樣子？」課堂上，老師引導孩子帶著這些問題讀故事，在閱讀過程中，用因果圖來捕捉繪本裡的關鍵資訊，他從中收穫的感受就會大不一樣。

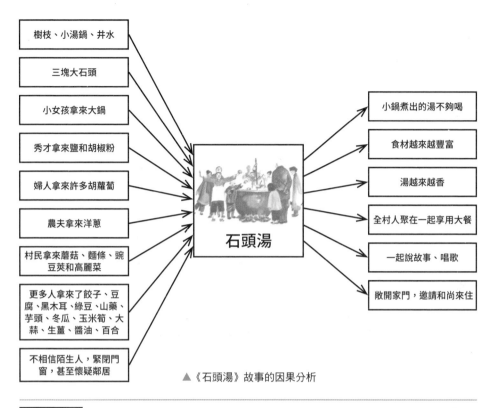

▲《石頭湯》故事的因果分析

問題思考 石頭怎麼能做成湯呢？石頭湯做完後發生了什麼事？

　　帶著問題閱讀，可以提高孩子的專注力和自學能力，在他不同的成長階段，都發揮非常重要的作用。孩子剛開始閱讀繪本時，家長就可以用提問的方式，引導他找到閱讀的感覺和體會箇中樂趣；孩子進入小學後，帶著問題閱讀的能力可以幫助他獨立預習課程，高效完成學習任務；而到了小學中高年級，這種能力將有助於更快適應複雜多樣的閱讀任務。

區分事實和觀點

　　有趣的故事書，是培養孩子閱讀興趣的敲門磚。隨著其年齡增長，我們需要提供給他更多樣、更豐富的閱讀內容，例如科普書籍、人物傳記、期刊和新聞報

導等。閱讀非故事類的書籍，能加強孩子一些高階認知能力，如分析、應用、綜合和評估等，讓他習得處理複雜文本的技能。

在非故事類書籍的各種閱讀技巧中，很重要的一條就是要區分資訊的事實和觀點。美國小學非常重視培養孩子的批判性思維能力，而區分事實和觀點是批判性思維的一項核心能力，因此，學校從孩子上小學一年級開始，就在閱讀學習中反覆訓練這項能力。

如二年級的孩子，在閱讀完史蒂芬‧威廉‧霍金的生平介紹後，老師會引導他使用圓圈圖，羅列自己從文字裡看到有關霍金的資訊，然後再用樹形圖將這些資訊，分類成事實和觀點，進而讓孩子對閱讀中獲取的知識，有整體清晰的判斷，哪些是有關霍金的客觀事實，哪些是人們對他持有的各種觀點。

參考資料　　　　　**史蒂芬‧威廉‧霍金生平**

史蒂芬‧威廉‧霍金（Stephen William Hawking，1942 年～2018 年），出生於英國牛津，現代最偉大的物理學家之一。

1979 年至 2009 年任盧卡斯數學教授，主要研究領域是宇宙論和黑洞，證明了廣義相對論的奇性定理和黑洞面積定理，提出黑洞蒸發理論和無邊界的霍金宇宙模型，在統一 20 世紀物理學的兩大基礎理論——愛因斯坦創立的相對論和普朗克創立的量子力學方面，踏出重要的一步。

1988 年，霍金撰寫的《時間簡史》出版。這本書從黑洞出發，探索宇宙的起源和歸宿，天體物理學高深的知識進入大眾視野，成為不少人的啟蒙讀物。這本書甚至培養了一批物理學的愛好者。《時間簡史》的出版，讓許多人重新認識他「科學教育家」的身分。

霍金 21 歲時罹患肌萎縮性脊髓側索硬化症（俗稱漸凍症），全身癱瘓，不能言語，手部只有三根手指可以活動。這樣艱難的困境，活著都屬不易。再想想他那超強的記憶、聯想、總結能力，無法不被人崇拜。霍金被認為是繼牛頓和愛因斯坦之後，最傑出的物理學家之一，被譽為「宇宙之王」。

2018 年 3 月 14 日，霍金去世，享年 76 歲。

▲ 霍金生平介紹圓圈圖

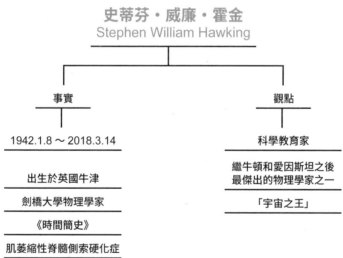

▲ 霍金生平介紹樹形圖

問題思考 在霍金的生平描述中，哪些是客觀的事實？哪些是主觀的觀點？

閱讀小結

閱讀小結通常讓大多數孩子覺得很有挑戰，因為他們試圖囊括所有讀到的知識點。這時流程圖和樹形圖能有效幫助孩子整理關鍵資訊，消化吸收閱讀的內容。

例1：用流程圖梳理情節

閱讀繪本時，家長可以和孩子聊一聊故事，鼓勵孩子「說來聽聽」。

如讀完《曹沖稱象》的故事後，詢問孩子：「曹沖是怎麼稱象的？一共有幾個步驟？」用這個問題，引導孩子使用流程圖梳理故事的主要情節，不僅能檢驗孩子是否理解故事內容，還能加強訓練他的邏輯思維能力。

參考資料　　　　　　**曹沖稱象**

孫權送來一頭巨象，曹操想知道象的重量，但沒有人想得出辦法。曹沖說：「把象放到船上，在船舷處齊水面的地方做記號，再讓船裝載石頭達到水面記號處，稱一下這些石頭，就能夠知道了（石頭的總重量約等於大象的重量）。」曹操聽了非常高興，馬上照辦。

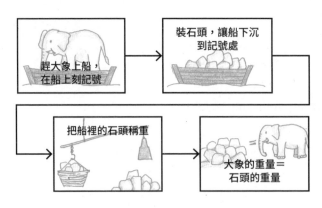

▲ 曹沖稱象的故事流程圖

問題思考 曹沖按什麼步驟稱象的？

例2：用樹形圖概括主要內容

概括文章主要內容，是學習語文的重點，也是孩子必須掌握的一種閱讀理解能力。

我們以小學生最常見的記敘文為例。其有「六要素」，即時間、地點、人物，事件的起因、經過和結果。在閱讀過程中，可以用「六要素」幫助孩子釐清文章的脈絡，概括主要內容。

· **時間（事情發生的時間）**：可以是具體時間，也可以是大約時間。

· **地點（事情發生的地方）**：可以隨著事情的發展變化而變化。

· **人物（文章記敘的人物對象）**：既包括人，又包括物。

· **事件（要告訴讀者發生了什麼）**：可分成三個子要素，包括起因、經過、結果。

下面是一個使用樹形圖歸納記敘文六要素的例子。

參考資料 節選自《走一步，再走一步》

暮色蒼茫，第一顆星星出現在天空中，懸崖下的地面開始變得模糊。不過，樹林裡閃爍著一道手電筒發出的光，然後我聽到傑里和爸爸的喊聲。是爸爸！但是他能做什麼？他雖然是個粗壯的中年人，但爬不上來。即使爬上來了，又能怎樣？

爸爸遠遠地站在懸崖下，這樣才能看見我，他用手電筒照著我然後喊道：「現在，下來。」他用非常正常、安慰的口吻說道：「要吃晚飯了。」

「我不行！我會掉下去的！我會摔死的！」我大哭著說。

「你能爬上去，就能下來，我會給你照亮。」

「不，我不行！太遠了，太困難了！我做不到！」我怒吼著。

「聽我說，」爸爸繼續說，「不要想有多遠，有多困難，你需要想的是邁一小步。這個你能做到。看著手電筒光指的地方。看到那塊石頭沒有？」光柱游走，指著岩脊下一塊突出的石頭。「看到了嗎？」他大聲問道。

我慢慢地挪動一下。「看到了。」我回答。

「好的，現在轉過身去，然後用左腳踩住那塊石頭。這就是你要做的。它就在你下面一點。你能做到。不要擔心接下來的事情，也不要往下看，先走好第一步。相信我。」

這看起來我能做到。我往後移動了一下，用左腳小心翼翼地感覺著岩石，然後找到了。「很好。」爸爸喊道，「現在，往右邊下面一點，那兒有另外一個落腳點，就幾英吋遠。移動你的右腳，慢慢地往下。這就是你要做的。只要想著接下來的這步，不要想別的。」我照做了。「好了，現在鬆開左手，然後抓住後面的小樹幹，就在邊上，看我手電筒照的地方，這就是你要做的。」再一次，我做到了。

就這樣，一次一步，一次換一個地方落腳，按照他說的往下爬，爸爸強調每次我只需要做一個簡單的動作，從來不讓我有機會停下來思考下面的路還很長，他一直在告訴我，接下來要做的事情我能做。

突然間，我向下邁出最後一步，然後踩到底部凌亂的岩石，撲進了爸爸強壯的臂彎裡，抽噎了一下，然後令人驚訝的是，我有了一種巨大的成就感和類似驕傲的感覺。

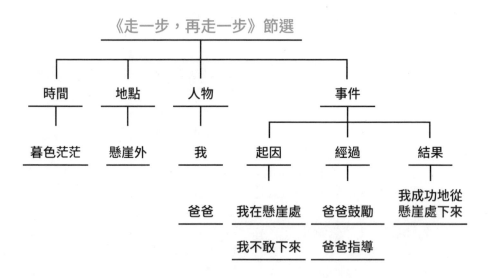

▲《走一步，再走一步》記敘文六要素樹形圖

問題閱讀 這篇文章主要講述了什麼故事？

💡 在閱讀中學習

讀書破萬卷，從閱讀中獲取各類知識，是人類學習之旅的主要途徑，也是我們閱讀的主要目的。怎麼才能從書本中有效提取、理解，並且掌握、運用其中蘊含的知識呢？一個基本的要求是，這些知識在我們腦海中，應該是清晰的、系統的。人們常說的「把書讀薄」，就是這個道理。

一般來說，作者為了實現其寫作意圖，常常用到各種手法，透過一定的組織結構，將文字呈現出來。美國著名教育學家羅伯特 ·J· 馬扎諾（Robert J. Marzano）指出，在閱讀中，讀者對文字的組織結構把握得越充分，理解就越完整。

思維導圖能幫助孩子可視化地釐清資訊的組織結構，如用氣泡圖來整理描述類資訊，用雙氣泡圖來歸納事物之間的異同點，用括號圖分析整體和部分的關係，用橋形圖對知識碎片進行連接等等，這些具體的圖示方法，能讓孩子更容易掌握對文字的理解。下面就來看看幾個具體實例。

例 1：用氣泡圖賞析古詩

參考資料 《夜雪》

已訝衾枕冷，復見窗戶明。
夜深知雪重，時聞折竹聲。

詠雪詩寫夜雪的不多，白居易這首《夜雪》新穎別致，立意不俗。

雪無聲無味，只能從顏色、形狀、姿態見出分別，而在沉沉夜色裡，人的視覺全然失去作用，雪的形象自然無從捕捉。但白居易巧妙地利用側面烘托，依次

從觸覺（冷）、視覺（明）、感覺（知）、聽覺（聞）四個層次敘寫，一波數折，生動傳神地寫出一場夜雪來。

　　詩中既沒有色彩的刻畫，也不作姿態的描摹，初看時簡直毫不起眼。但細細品味，便會發現它凝重古樸、清新淡雅。這首詩樸實自然，詩境平易，充分表現出詩人通俗易懂、明白曉暢的語言特色。

　　氣泡圖能清楚整理出作者對這四種感覺的描寫，讓孩子體會到，原來一首好詩，除了意境上恰到好處，背後也是有嚴謹完備的邏輯支撐著呢。

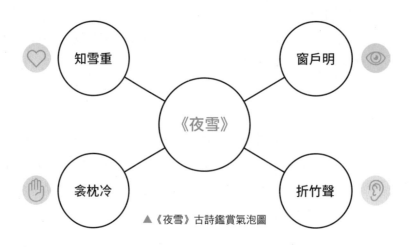

▲《夜雪》古詩鑑賞氣泡圖

問題思考　白居易在《夜雪》這首古詩中是如何描寫雪的？

例2：用雙氣泡圖做人物比較分析

　　在閱讀過程中，將重要人物進行比較分析，能啟發孩子對文字做深入思考，加強他們對人物的理解。

　　如《三國演義》中，曹營的司馬懿和劉備帳下的諸葛亮，都是名傳青史的人物。他們皆足智多謀，輔佐過數任君王，但是各種不同版本的書評中，對兩個人物褒貶不一，該怎麼看待他們？誰的歷史功績更高呢？帶著這樣的問題，孩子可以使用雙氣泡圖，對兩個人物進行一番分析對比，從中闡釋自己對他們的看法。

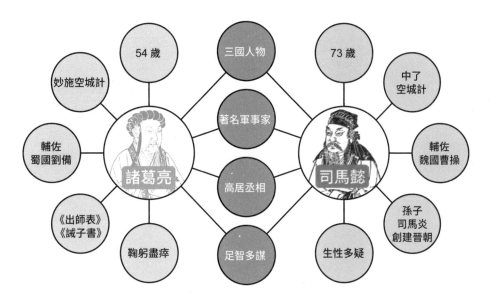

▲《三國演義》中諸葛亮和司馬懿比較雙氣泡圖

問題思考　《三國演義》中諸葛亮和司馬懿都是足智多謀的人物，他們的相同和不同之處分別有哪些？

例3：用括號圖了解事物整體和部分的關係

　　《手上的皮膚》是小學四年級語文下冊的一篇課文，這篇科普說明文，從「皮膚厚度」「褶皺和紋路」「指紋」和「指甲」四個方面，介紹了手上皮膚的特點和用途。孩子在閱讀完這篇課文後產生一個疑惑：作者為什麼要選擇這四個方面，來介紹手上的皮膚呢？手上的皮膚是怎麼構成的？帶著這兩個問題，孩子課後查閱了相關的科普資料，用括號圖分析「手上的皮膚」之組成結構，他發現，課文從手心、手掌，寫到手指上的皮膚，正好完整地涵蓋整隻手的皮膚。

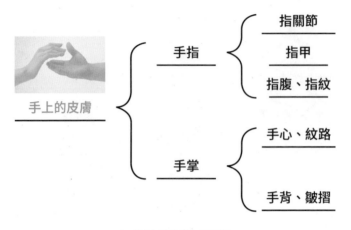

△《手上的皮膚》括號圖

問題思考 手上的皮膚由哪些部分組成？

例 4：用橋形圖整理歷史知識

讀書是一個輸入的過程，透過閱讀向我們大腦輸入各種資訊和知識，但僅僅只有輸入是不夠的。

想像一下，有一個櫃子，你可以往裡面裝東西，但是從來不拿出來用，這樣，它和其他閒置物有什麼區別？讀書也一樣，大腦就像一個櫃子，閱讀就是不斷往櫃子裡裝東西的過程，如果你從來不把放進去的東西拿出來用，那這些東西不僅成了閒置物，而且過了一段時間，自己放了什麼東西進去都忘記了。

同樣的道理，我們猛往大腦裡塞知識的時候，也要經常把它拿出來曬太陽，這樣的知識才是有用的、記得住的。橋形圖就是這樣一個思維工具，可以幫助孩子把學過的知識抖一抖，晾一晾，用一用。我們來看下面的例子。

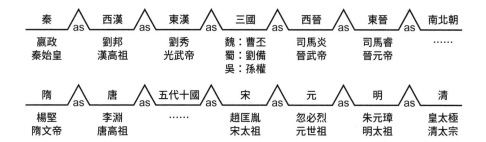

RF： 開國皇帝

▲ 中國歷朝歷代開國皇帝橋形圖

　　這是一個橋形圖，它列舉了中國歷朝歷代開國皇帝的資料。從這個圖上可以看到，雖然中國最早有歷史記載的朝代是「夏朝」，但秦始皇才是第一個稱皇帝的君主。另外，三國時期的三位皇帝中，魏國的建國者是曹操的兒子曹丕，而不是曹操本人，這背後的歷史原因是什麼呢？冒出這個問題的孩子，估計又要翻一翻書，把腦海的歷史知識再倒帶一次了吧。

　　很多孩子喜歡歷史，在閱讀大量歷史類書籍以後，不妨用這樣的橋形圖做一個橫向比照，既是對現有知識的複習整理，又能引出新的探索問題，拓展學習邊界。

問題思考　中國歷史上各個朝代的開國皇帝叫什麼名字？

🔆 有效傾聽

　　「聽」和「讀」是我們接受外部資訊的兩種重要途徑。前面提到各種與閱讀相關的思維導圖用法，都可以複製到如何有效傾聽上。特別是帶著問題去聽，用思維導圖的模式，去歸納整理聽到的訊息，能夠很明顯地提高傾聽的效果。

思維導圖用於寫作

寫作文是讓很多孩子頭疼的一大難題，有時是看懂題目卻不知道該怎麼下筆，有時是想好大概要寫什麼，但寫到一半就卡住了，冥思苦想半天也寫不完。歸根究底，還是因為頭腦中沒有形成一個完整的寫作框架，自然會在過程中感覺卡卡，言之無物。

人們常說：「讀書破萬卷，下筆如有神。」思維導圖可以幫助孩子們從「萬卷書」中提取可用素材，同時梳理行文邏輯，搭建可視化的寫作框架，然後在此基礎上，從初稿到整理潤色，完成整個過程，解決他們寫作中最常見的「文思不暢」問題。

寫作流程

如何使用思維導圖構思寫作，讓孩子下筆如神呢？一起來看一下寫作流程的三個階段：

- 構思大綱（蒐集素材—分類歸納—梳理框架）
- 初稿寫作
- 潤色修飾

這三個階段可以用流程圖整理出來，讓孩子清楚看到自己該做什麼，也明白只要按照這個順序，一步一步做好、做滿，必定能完成任務，就不會一聽到「作文」兩個字，馬上心裡發慌了。

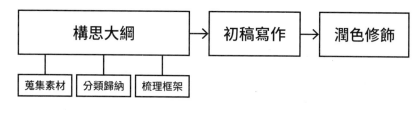

▲ 寫作流程圖

💡 構思大綱

構思大綱是寫作流程圖中的第一步，也是最關鍵的一步，有了清楚的大綱，我們在寫作時才能有重點、有條理，一氣呵成。構思大綱包括三個子環節：蒐集素材、分類歸納、梳理框架。該怎麼做呢？

第一步：用圓圈圖蒐集寫作素材

這和孩子們在寫作文前打草稿不同，用圓圈圖來腦力激盪、構思素材時，孩子需要把腦海裡聯想到的所有東西，都呈現到圓圈圖上。透過這種方式，可以幫他做出評估：自己想的是不是夠充分和清楚，材料是否足夠？

用腦力激盪蒐集寫作素材的時候，記得問自己兩個問題：

1. 寫作主題是什麼？

2. 圍繞寫作主題，我能想到哪些與它有關的內容？

我們來看看這篇主題為「杜拜行」的遊記作文。圍繞這個主題，孩子想到杜拜第一高樓哈里發塔，想到杜拜購物中心、帆船酒店、滑沙、坐遊艇、騎駱駝等。在這個階段，他只需要把自己能聯想到的事物，都列在圓圈圖裡，而不用考慮內容適不適合寫在文章裡，或者具體該怎麼寫，這些都會在後面的步驟中逐個解決。

滑沙

波斯灣乘遊艇

騎駱駝

哈里發塔介紹

杜拜

帆船酒店吃飯

哈里發塔
第一高樓

法拉利樂園

杜拜購物中心

▲ 第一步 杜拜行素材蒐集圓圈圖

問題思考 杜拜之行，你能回憶起哪些？

第二步：用樹形圖分類歸納寫作素材

用腦力完成思維激盪後，我們獲得了很多原始素材。但如果把這些材料都寫進作文裡，很容易變成一篇流水帳，所以家長需要引導孩子做進一步的處理──從圓圈圖中挑選、標記出，自己感受最深刻、最「有話可說」的幾點內容，使用樹形圖來繼續挖出與之相關的更多細節。

在這個過程中，孩子可以問自己兩個問題：

1. 我最想寫哪些內容？

2. 針對每一點內容，我能想到哪些相關的細節？

在例子中，孩子從圓圈圖裡，挑出自己印象最深刻的三件事情：「遊覽哈里發塔」、「波斯灣乘遊艇」和「帆船酒店吃飯」，然後用樹形圖詳細列舉出每一件事的枝微末節，提示自己在寫作時，要把這些事描寫得更加具體。

▲ 杜拜行素材整理圓圈圖

問題思考 杜拜行，哪三件事讓你印象最深刻？

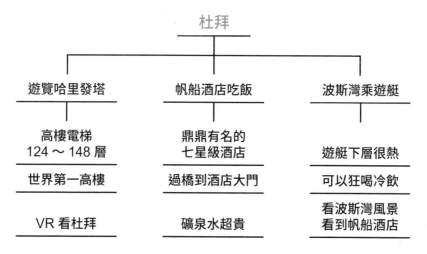

▲ 第二步 杜拜行素材整理樹形圖

問題思考 杜拜行，令你印象最深刻的三件事，它們各自有哪些細節值得説説？

第三步：用流程圖梳理出寫作框架

透過篩選要點、挖掘枝微末節，我們已經獲得可以直接用於寫作的有效素材。接下來，我們需要對這些材料進行整理，使用流程圖，根據事件的開頭、經過、結尾三個部分，來安排內容的先後順序，形成一個寫作大綱。

在這個過程中，需要思考三個問題：

1. 採用哪種寫作順序，最能恰當地表達出我的想法？

2. 如何在開頭時明確作文主旨？

3. 如何在結尾時總結自己的收穫、感受？

思考完三個問題，孩子用流程圖擬好「我的杜拜行」寫作大綱。

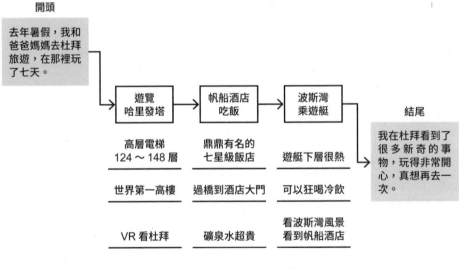

▲ 第三步 杜拜行作文大綱流程圖

問題思考　你的杜拜行經歷，用哪種順序去介紹最合適？

💡 初稿寫作

根據流程圖畫出的寫作大綱，孩子完成「杜拜行」的作文初稿，行文流暢，思路清晰。

去年暑假，我和爸爸媽媽去杜拜旅遊，在那裡玩了七天。

到杜拜的第二天，就去了世界第一摩天大樓哈里發塔。我們乘坐超級電梯，在 124 樓換乘一次後，5 分鐘就到了最高的 148 樓。在 148 樓的貴賓室裡，我頭一次在一個 VR 遊戲中，看到了杜拜城市歷史的介紹，感覺真棒！

帆船酒店是世界上鼎鼎有名的七星級酒店，它修建在杜拜臨近波斯灣的海裡。我們通過一座跨海大橋，才到達酒店。帆船酒店的自助餐價格太貴了，我買了一瓶礦泉水，竟然花了 20 迪拉姆，這相當於六塊美金啊！

在杜拜的第五天下午，我們乘坐遊艇遊覽波斯灣，遊艇有上下兩層，樓下一層很熱，好在那裡免費供應冷飲。在遊艇上我們又看到帆船酒店，真漂亮！

我在杜拜看到了很多新奇的事物，玩得好開心。真想再去一次！

💡 潤色修飾

我們都想達到一氣呵成、行雲流水的理想寫作狀態，但這個境界不是一蹴可幾的，需要大量的練習。孩子完成作文初稿後，往往還會有些不太滿意的地方，如描述得不夠生動、重點不夠突出、感受不夠真切等等，鼓勵孩子針對這些地方進行修改和調整，反覆修正，寫作才會越來越流暢。如何修改和調整呢？我們繼續來看這篇「杜拜行」作文的潤色修飾階段。

例 1：描述細節 （氣泡圖）

首先，針對「描述得不夠生動」這一點，家長引導孩子畫了一個氣泡圖，選擇印象最深刻的帆船酒店，從多個角度進行更細膩的描述。

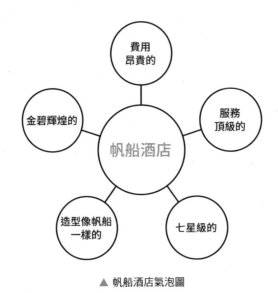

▲ 帆船酒店氣泡圖

問題思考 如何描繪帆船酒店？

根據這個氣泡圖，孩子在初稿基礎上，增加了對帆船酒店的進一步描述，不僅用上成語「金碧輝煌」來形容酒店的內部裝潢，還結合自己的遊覽經歷，突出了這家七星級酒店的頂級服務：

帆船酒店是世界上鼎鼎有名的七星級酒店，它修建在杜拜鄰近的波斯灣海裡。我們通過一座跨海大橋，才到達酒店。酒店大廳裝飾得金碧輝煌，很多遊客在那裡排隊拍照，幸好酒店服務人員照顧得很周到，讓前來參觀的遊客們一點也不覺得擁擠、喧嘩。當然啦，超級豪華酒店的消費也超級昂貴，我買了一瓶礦泉水，竟然花了20迪拉姆，這相當於六塊美金啊！

例2：對比手法 （雙氣泡圖）

針對「重點還不夠突出」這一點，家長引導孩子畫了一個雙氣泡圖，對作文中寫到的帆船酒店和哈里發塔兩個景點進行對比。

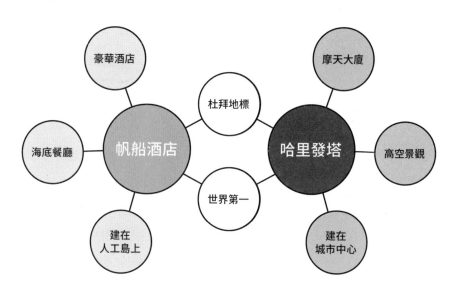

▲ 比較帆船酒店和哈里發塔的雙氣泡圖

問題思考 帆船酒店和哈里發塔各自有哪些特點？

根據畫出的雙氣泡圖，孩子在作文中，增加了兩個杜拜著名景點的對比描寫，增強了感染力：

> 雖然哈里發塔和帆船酒店都是杜拜鼎鼎有名的景點，但是它們的特色迥異。帆船酒店建在海中，讓旅客在奇異的海底餐廳，體驗豪華酒店的服務。而哈里發塔建在城市的中心，讓旅客在摩天高樓的觀景台上，欣賞沙漠之城的壯觀景象。

例 3：修辭手法——排比句（橋形圖）

　　針對「感受還不夠真切」這一點，家長引導孩子畫了一個橋形圖，回憶在杜拜之旅中，這三個遊玩項目給自己帶來的最深刻印象是什麼？孩子經過一番思考後，用三個「第一」來進行總結，使得這三個景點的特色表現得更為鮮明。

▲ 杜拜之旅印象總結橋形圖

問題思考　杜拜遊覽的三個景點，給你留下的最深刻印象分別是什麼？

　　在寫作最後的潤色修飾環節，孩子使用氣泡圖增加帆船酒店的細節描述，用雙氣泡圖對比突出帆船酒店和哈里發塔各自的特點，最後又用橋形圖對杜拜之旅的印象、感受進行昇華。比起初稿，孩子最後完成的「杜拜行」遊記，顯然增色不少。

　　去年暑假，我和爸爸媽媽去杜拜旅遊，在那裡玩了七天。杜拜是一個沙漠城市，夏天室外溫度高達 45℃，可是回想一下，我絲毫沒有感到酷熱，印象中只有它的三個「第一」。

　　第一個第一，是世界第一高樓哈里發塔。我們乘坐超級電梯，在 124 樓換乘一次後，5 分鐘就到了最高的 148 樓。在 148 樓的貴賓室裡，我頭一次在一個 VR 遊戲中，看到了杜拜城市歷史的介紹，感覺真棒！

　　第二個第一，是世界上第一座七星級酒店——帆船酒店。它修建在杜拜臨近的波斯灣海裡。我們通過一座跨海大橋，才到達酒店。酒店大廳裝飾得金碧輝煌，很多遊客在那裡排隊拍照，幸好酒店服務人員照顧得很周到，讓

前來參觀的遊客們一點也不覺得擁擠、喧嘩。當然啦,超級豪華酒店的消費也超級昂貴,我買了一瓶礦泉水,竟然花了20迪拉姆,這相當於六塊美金啊!

雖然哈里發塔和帆船酒店都是杜拜鼎鼎有名的景點,但是它們的特色迥異。帆船酒店建在海中,讓旅客在奇異的海底餐廳,體驗豪華酒店的服務。而哈里發塔建在城市的中心,讓旅客在摩天高樓的觀景台上,欣賞沙漠之城的壯觀景象。

第三個第一,是第一次乘坐遊艇。乘船一點也不新鮮,但在杜拜乘坐遊艇,我還是第一次。遊艇有上下兩層,樓下一層很熱,好在那裡免費供應冷飲。在遊艇上我們又看到帆船酒店,遠遠望去,藍白色的建築就像停泊在海邊的一艘巨型帆船一樣,真漂亮!

我在杜拜看到了世界第一的新奇事物,也第一次經歷高溫的夏天,玩得好開心。真想再去一次!

寫作既是一種思維過程,也是思維結果的呈現。將思維導圖運用在寫作上,可以幫助孩子們打開思路,理清脈絡,讓寫作有章有法、言之有物。

💡 公開演講

演講是最能直接展現自己能力的方式,優秀的演講不但能提升影響力、帶來自信,更是成為一名領導者的必備技能。無論是學校課程,還是公司會議,一場高水準的演講總能為演講者加分。不誇張地說,演講能力會在很大程度上,影響孩子的成長軌跡和職業發展。

但這恰恰是國內教育相對薄弱的地方,且不說孩子,我猜不少爸爸媽媽被要求做公開演講時,也會心情緊張、毫無頭緒。怎麼和孩子一起把這項技能訓練出來呢?

美國作家卡邁恩 · 嘉諾在《像 TED 一樣演講》一書中,提到了完成一次

TED 演講所需的五個階段，我們用流程圖來做個整理。

從公開演講流程圖上，我們看到，一次成功的演講，從前期準備到正式上台亮相，需要經過五個階段的工作。

·公開演講流程圖·

前期準備	撰寫講稿	製作PPT	演練	正式演講

撰寫講稿下方：主題　素材　提綱　撰稿

▲ 公開演講的五個階段

第一個階段，演講前期需要做什麼？我們要弄清楚演講的主題為何？聽眾是誰？他們關心什麼？對什麼感興趣？有多少聽眾？針對演講地點和時間長短，也要心中有數。這些都是前期準備期間，需要完成的一些事項。

第二個階段，是撰寫講稿。我們要根據主題蒐集資料，製作大綱，撰寫內容初稿並潤色修飾。這四個步驟，都可以用到我們前面提過的各種思維導圖寫作技巧。歸根究底，「說」和「寫」是密切相關的。

第三個階段是製作PPT，輔助呈現演講內容和渲染氣氛。

接下來的第四個階段是演練演練再演練！ 演講的內容是基礎，而實際的演講效果，只能透過練習，才能達到講述流暢、情感飽滿、邏輯縝密和時間控制精準等各方面的提升。

最後一步是正式演講。演講者站在講台上，把精心準備的內容呈現給聽眾。

　　TED 演講作為最著名的演講舞台，對演講者的要求極高，因為必須在短短的18 分鐘內，至少講清楚一個道理，同時又必須引人入勝。所以很多 TED 演講者會花幾個月時間提前做準備，真所謂「台上一分鐘，台下十年功」。

　　同樣地，我們培養孩子公開演講能力時，也完全可以依據這個流程圖所介紹的五個階段，一步一步來練習，不妨定期在家裡舉辦一個小小「家庭 TED」演講會，大人和小孩輪流就自己感興趣的話題做準備、分享和評比，不斷提高演講能力吧。

思維導圖用於英語

在美國移民數量最多的加州和德州，為了讓孩子學好英語，將來順利進入大學和職場，這兩個州超過 90% 的小學都以英語為第二語言。這些學校在英語教學中採用思維導圖，有針對性地幫助孩子提高英語學習中最關鍵的三點：語音（拼讀）、單字（拼寫）和文法，並取得卓越的成效。

借鑑美國小學 ESL 英語教學成功的實踐和經驗，國內孩子同樣也能在思維導圖的幫助下，有效提升語音拼讀、單字拼寫和文法知識三大能力，學好英語。

語音拼讀

當我們看到一個陌生的漢字時，如果標出拼音，就能把這個字念出來。和學習漢語拼音類似，學英語也要掌握音標，這樣才能順利拼讀出每一個單字。現在系統學習英語拼讀的方法多種多樣，如何選出一種最適合自己的方法呢？

例 1：用雙氣泡圖對國際音標和自然發音進行比較分析

IPA 國際音標（International Phonetic Alphabet），是大多數家長在過去學習英語時，熟練的一種拼讀方法，而最近十年，兒童英語學習掀起一股「自然發音」的熱潮。很多家長開始糾結，給孩子進行英語 蒙時，選擇哪一種方法更加合適？與其左右搖擺、盲聽盲從，不如來看一個雙氣泡圖，把國際音標和自然發音這兩種方法比較分析，幫你做出一個更適合自己孩子的選擇。

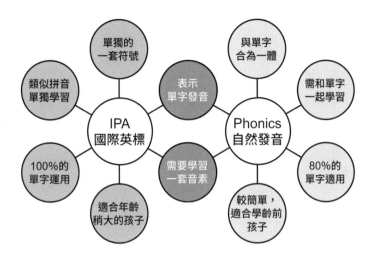

▲ 國際音標和自然發音比較雙氣泡圖

問題思考　孩子學習英語，該選擇國際音標還是自然發音？

　　透過比較分析，我們知道自然發音只適用於 80％的英語單字，剩下的 20％則需要學習國際音標來互為補充。自然發音簡單，適合學齡前兒童的英語　蒙，國際音標則適合稍大的孩子，全面覆蓋單字的發音要求。

例 2：用樹形圖對音素進行整理

　　在語音學中，音素是聲音的最小單位，而音標是記錄音素的符號。所以準確來說，國際音標包含了 20 個母音音素和 28 個子音音素，人們習慣把它們稱為 48 個音標。

單母音 12 個：

　短母音：[i] [ə] [ɑ] [u] [ʌ] [æ] [e]

　長母音：[i:] [ə:] [ɔ:] [u:] [ɑ:]

雙母音 8 個：[ai] [ei] [ɔi] [au] [əu] [iə] [eə] [uə]

清濁成對的子音 10 對：

無聲子音：[p] [t] [k] [f] [θ] [s] [tr] [ts] [∫] [t∫]

有聲子音：[b] [d] [g] [v] [ð] [z] [dr] [dz] [ʒ] [dʒ]

其他子音 8 個：[h] [m] [n] [ŋ] [l] [r] [w] [j]

那麼，在學習國際音標的過程中，我們如何來記憶這 48 個音標呢？不如試著畫一個樹形圖，來進行分類學習和記憶。

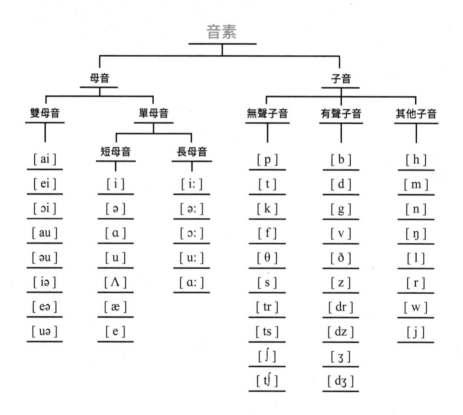

▲ IPA 音素總結樹形圖

閱讀思考 怎樣學習和記憶國際音標？

單字拼寫

　　單字（亦稱單詞）是英語學習的基礎，也是很多人深感頭痛的地方。別說是孩子，成人在背單字時，也常常經歷「背了又忘，忘了再背」的反覆過程。

　　如何讓背單字的過程變得輕鬆呢？早在數百年前，英國著名作家及政治家切斯特菲爾德伯爵（Lord Chesterfield）就指出一條捷徑：「學習一門語言文字的最短、最佳道路，就是掌握它的字根（root），即那些單字藉以形成的原生詞。」

　　這個道理至今仍未過時。英語單字構詞法的核心部分正是在於字根，一個單字的意義主要是由字根表現的。字根可以單獨成字，也可以彼此組合，然後透過前綴（字首）和後綴（字尾），來改變單字的詞性和意義。也就是說，大部分單字是由兩部分組成的：字根、詞綴。

例 1：用括號圖對單字字根進行拆分

　　中文是象形文字，我們在學習漢字時，可以透過偏旁部首來理解記憶字的意思。而在英語單字學習中，字根就類似於漢字的偏旁部首，拆分一個單字的字根、詞綴，能幫助我們了解一個單字的意義，而不是全靠死記硬背，這和括號圖所表示的「整體—部分」關係非常類似。

　　例如 telescope，其中的字根 tele 表示「遠距離的」，scope 表示「觀察儀器的鏡」，經由推導，我們可以猜測出：透過觀察儀器的目鏡，實現遠距離觀察事物的設備就是「望遠鏡」。類似地，telephone 表示可以遠距離聽到聲音的設備，那就是「電話」。

▲ 字根拆分括號圖

例 2：用樹形圖對單字詞綴進行歸納

　　大部分單字由字根和詞綴組成。而詞綴又分為前綴和後綴，前綴可以改變單字的字義，後綴決定了單字的詞性。例如常用前綴 un 表示否定，那麼 unlucky 表示不幸的，uncertainty 表示不確定的，unlimited 表示無限制的。

　　同理，常用後綴 er 表示「……人」，那麼 singer 表示歌手（唱歌的人），writer 表示作家（寫字的人）等等。當我們掌握常用詞綴所表示的意義後，再看到一個陌生單字，就可以和字根結合起來推測出字意。不妨讓孩子用樹形圖來整理他學過的常用前綴、後綴。

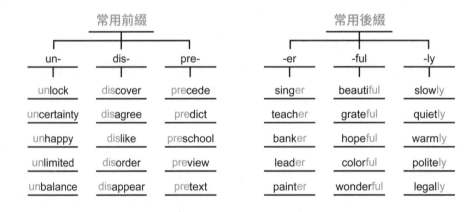

▲ 常用詞綴樹形圖

例 3：用樹形圖整理英語近義詞

　　拆分字根、整理歸納常用詞綴，能幫助我們有效理解和記憶單字。但是，單

字的運用和其所在的語境非常相關。我們不能把單字從語境中剝離出來，做機械性的記憶，而是要在具體的語境中，去學習單字的不同用法。只有這樣，我們才能活學活用每一個單字。

　　下面這個例子中，在不同語境下表示「說」的單字有很多。在美國的英語寫作課上，有一個必學的話題就是「Said is dead」，把「said」槍斃掉，用其他單字來表示「說」。也就是讓孩子們在不同的語境下，避免使用重複的詞語，讓表達更多樣、更細膩、更貼切。

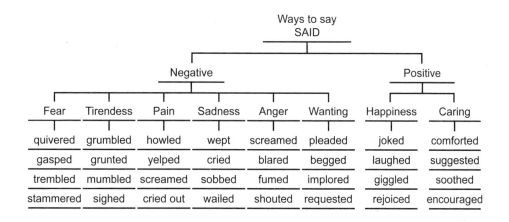

▲ 表示「說」的近義詞樹形圖

問題思考　英文單字表示「說」的動詞有哪些？分別適用於哪些不同的語境？

　　這個樹形圖按照所表達的不同情緒，列出英語中表示「說」的 32 個近義詞，並且做了兩級分類。第一級分類上，分為正面情緒（positive）和負面情緒（negative）兩種類型；第二級分類上，正面情緒被細分為高興和開心，負面情緒被分成悲傷、難過和勞累等六個子類型。清楚明確地表達不同情緒的「說」，對孩子們的寫作幫助很大。

例如，當孩子想表現「爸爸高興地說」，他會寫「dad laughed」；而如果想表達「爸爸生氣地說」，則用上「dad screamed」更貼切；如果想描寫「爸爸很累地嘆氣說」時，用「dad sighed」則非常傳神。

例 4：用橋形圖來學習介系詞

對於英語學習者而言，介系詞是比較難掌握的地方。但偏偏它的使用相當頻繁，在出現頻率最高的 20 個單字中，將近有一半都是介系詞。介系詞在英語學習中可以說是無處不在。能不能用好它，往往決定一個人英語水準的高低。

舉個例子，很多孩子在剛接觸方向介系詞時，總是容易混淆，特別是在口語表達時，不能把一個事物所處的位置關係，清楚地描述出來。如果單純從方向介系詞的字面意義去背誦，既不好區分，也不利於孩子形成深刻記憶。

而利用橋形圖，就能把容易混淆的知識點進行類比，搭配上簡單的圖示，增強可視化效果，就能有效幫助孩子理解每個方向介系詞，所表示的位置關係了。

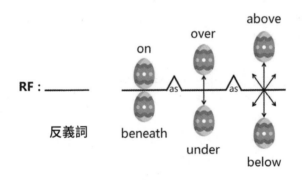

▲ 學習方向介系詞橋形圖

問題思考 如何記憶表示方向的英文介系詞？

文法知識

　　標準漢語文法中最大的特點，是沒有嚴格意義的形態變化——名詞沒有格，也無性和數的區別；動詞既不劃分人稱，也沒有時態。但在英語學習中，一個單字在不同語境下，會產生單複數、比較級、時態等變化。對孩子來說，和漢語實在是天差地別，學習起來自然困難。使用思維導圖，用可視化的方式來呈現英語複雜的文法知識，可以幫助孩子加深理解，提高記憶。

例 1：用橋形圖類比基數詞和序數詞

　　英語表示數目和順序的詞叫作數詞。而數詞又分基數詞和序數詞，基數詞表示數量，序數詞表示順序。在漢語裡，假設基數詞是「1」，那麼對應的序數詞只需要在前面加個「第」字，就可以變為「第一」，而且這個法則可以套用到所有數字當中。但英語中卻完全不同，有時基數詞和序數詞可以是兩個完全不一樣的單字，例如 one 和 first。這時，用橋形圖來類比記憶 1 ～ 10 的基數詞和序數詞，就是很好的學習方法。

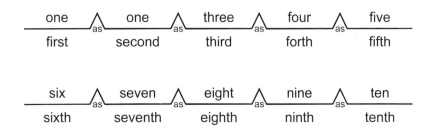

▲ 記憶英語基數詞和序數詞橋形圖

問題思考　　如何學習英語 1 ～ 10 的基數詞和序數詞？

例 2：用樹形圖整理常用形容詞原級、比較級、最高級

英語中大多數形容詞有三種形式：原級、比較級和最高級，用來表示形容詞說明的性質在程度上的不同。

形容詞的原級：形容詞的原形。

形容詞的比較級和最高級：都是在形容詞原級的基礎上變化而成。比較級是與另一事物相比較後，表示兩者之間更突出的那個；而最高級是指在三個或三個以上的群體中，最突出的一個。

在英語考試中，形容詞的比較級和最高級是一個重點。孩子可以藉助樹形圖，把自己平時容易混淆的、易忘掉的形容詞做個整理。

▲ 整理形容詞的比較級和最高級樹形圖

問題思考 如何記憶常用形容詞 good / bad / fast / late 的比較級和最高級？

例 3：用括號圖整理動詞被動語態

英語動詞有主動和被動兩種語態。主動語態表示主語是動作的執行者，被動語態表示主語是動作的承受者。被動語態由「be ＋過去分詞」構成。在時態變化中，被動語態只會改變「be」的形式，而過去分詞部分保持不變。例如：

He made the plan. 他做了計畫。（主動語態）

The plan was made by him. 計畫是他做的。（被動語態）

若是將語態和時態分開來看，都不算複雜，但兩者一疊加，不少孩子就容易頭暈。借用括號圖，可以幫我們清楚概括總結出英語被動語態中，一些常見時態的變化形式：

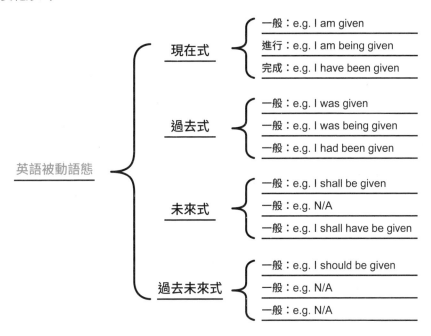

▲ 總結英語被動語態變化括號圖

<hr />

問題思考　英語被動時態變化包括哪些？

<hr />

思維導圖用於數學

數學是研究數量、結構、變化、空間以及資訊等概念的一門學科。學習非常耗費腦力,需要掌握很多觀念,記憶大量的知識點,同時還要熟悉各種題型的解題思路,舉一反三。

思維導圖作為一種可視化的思維工具,能夠非常有效地幫助孩子梳理各種數學概念和知識,同時在畫圖過程中,不斷加深對這些概念、解題思路的理解,學會「像數學家一樣去思考」。

數學概念

數學概念是對一切數學問題進行分析、演算、推理的基礎,是判斷的依據。小學數學的基本概念包括:數與運算、幾何圖形、量與計量、代數方程,以及初步的統計相關知識等。

大量教學實踐證明,孩子只有準確地掌握數學概念,才能做正確的判斷和推理,提高運算與解題技能,解決數學問題。從下面三組例子,我們來了解思維導圖如何幫助孩子理解數與運算、幾何圖形和計量單位相關的概念。

數與運算

數與運算是小學數學的主要部分,而這部分是建立在良好的數感基礎上。所以,什麼是數感呢?

　　數感這個詞，是從英文 number sense 直接翻譯過來的。它的意思很廣泛，簡而言之，就是指孩子可以靈活機動地使用數字。根據美國數學教師委員會（NCTM，National Council of Teachers of Mathematics）的定義，數感培養包括以下幾方面：

· 了解數字，以及不同數字的表示方式。
· 了解數字之間的關係，以及我們的數字體系（如十進位制或二進位制）。
· 解不同的運算，知道不同運算符號之間的優先順序。
· 可以在現實生活中使用數字。

　　靈活運用思維導圖的不同圖示，可以讓孩子輕鬆掌握和數感有關的知識點。比如下面幾個例子。

例 1：用雙氣泡圖來理解因數和公因數

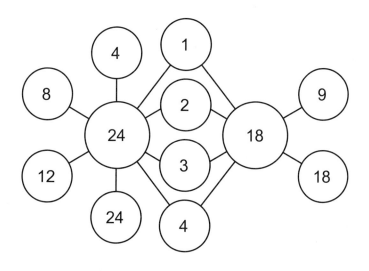

▲ 用雙氣泡圖理解因數和公因數

問題思考 比較 24 和 18 的因數，找出它們相同的因數有哪些？

例2：用流程圖來排序運算符號

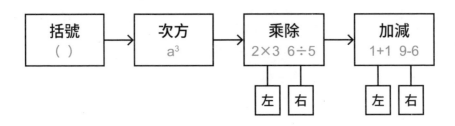

▲ 用流程圖理解運算符號優先順序

問題思考 數學計算中，各種運算符號從高到低的優先順序是什麼？

幾何圖形

　　幾何概念的學習是小學數學非常重要的內容。孩子對幾何圖形並不陌生，因為從小就玩過各種積木，早就知道三角形積木可以用來搭屋頂，長方形可以用來疊高牆。但在生活中大致認識是一回事，怎麼用嚴謹、抽象的數學術語，去定義、描述又是另一碼事。藉助思維導圖，可以幫孩子可視化地整理這些概念：

例1：用圓圈圖來理解三角形相關的知識

　　常見的三角形按邊分為不等邊三角形（三條邊都不相等），等腰三角形（腰與底不等的等腰三角形，腰與底相等的等腰三角形即等邊三角形）；按角分為直角三角形、銳角三角形、鈍角三角形等，其中銳角三角形和鈍角三角形統稱斜三角形。

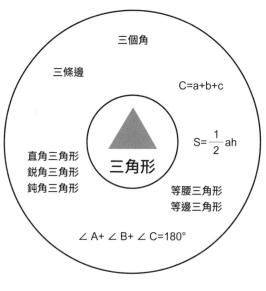

▲ 三角形相關知識圓圈圖

問題思考 和三角形有關的知識，你知道哪些？

例 2：用括號圖來理解三角形和其他平面圖形的組成關係

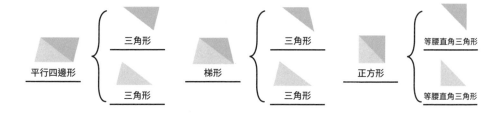

▲ 三角形組成其他平面圖形的括號圖

問題思考 三角形兩兩組合可以構成其他哪些平面圖形？

計量單位

計量單位也是小學數學的重點，如周長單位、面積單位、體積單位等。透過這些計量單位，用標準化的方式，量化描述物體的屬性，進而可對物體進行比較、分析、運算等數學處理。可以說，計量單位為各種數學概念與空間幾何之間，架起一座橋梁。計量單位除了某些會在日常生活中碰到，大多數對初次接觸的孩子來說頗為陌生，需要一定的整理來幫助理解和記憶。下面是用思維導圖對常見的計量單位，進行分類和順序排列的兩個例子。

例 1：用樹形圖分類整理常見的計量單位

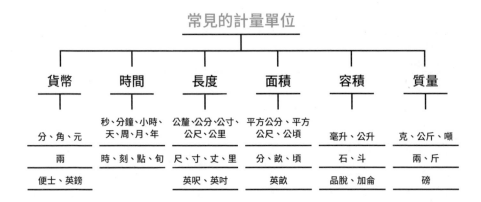

▲ 常見的計量單位樹形圖

問題思考　計量單位有哪些類別？

例 2：用流程圖整理常見的長度單位

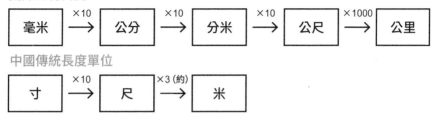

國際公制長度

毫米 ×10→ 公分 ×10→ 分米 ×10→ 公尺 ×1000→ 公里

中國傳統長度單位

寸 ×10→ 尺 ×3（約）→ 米

▲ 常見的長度單位依次排列流程圖

問題思考 常見的長度單位從小到大如何排列？

💡 解題流程

著名美國數學教育家喬治·波利亞（George Polya），在他的暢銷書《如何解題》中提到，數學解題過程可以分成四個步驟，只要按部就班，正確率就會大大提高。

第一，**審題**，也就是要弄清問題是什麼。

第二，**分析**，找出已知條件和未知問題之間的連結，確定解題思路。

第三，**答題**，也就是考試中通常強調的「規範答題」。

第四，**驗算**，檢驗結果。

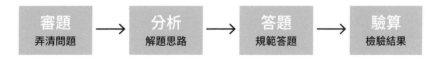

審題 弄清問題 → 分析 解題思路 → 答題 規範答題 → 驗算 檢驗結果

▲ 數學應用題解題流程圖

問題思考 數學應用題應該按什麼順序解題？

在這四個步驟中，第一步審題和第二步分析都需要經過大量的思維過程，尋找出解題的正確思路，相對而言，第三步答題和第四步驗算，則主要是在執行層面上實施解題過程。

接下來，我們透過幾個例子來了解，如何使用思維導圖輔助尋找解題思路。

審題

弄清問題是什麼，是解題的第一步。

在小學數學中，我們經常會發現這樣的現象：明明是一道非常簡單的題目，孩子卻總是出錯。究其原因，往往就出在審題上。如一道應用題：「小明從 1 樓開始爬，3 分鐘後，爬到 3 樓」和「小明從 1 樓開始爬，3 分鐘後，爬了 3 樓」，一字之差，「爬到」和「爬了」是完全不同的已知條件。一旦審題出了偏差，寫出來的答案也一定是錯誤的。

在數學審題過程中，需要弄清楚以下兩個問題：

- 已知條件有哪些？

- 求解的問題（未知數）是什麼？

括號圖是一個非常有用的數學審題工具，它幫助孩子把數學問題拆分成已知條件和求解問題，可視化地表示出來，從而有利孩子理解題意。

我們透過下面的範例，來了解括號圖如何對一道數學應用題進行拆分。

自行車工廠要裝配 690 輛自行車，已經裝配了 8 天，每天 45 輛。由於技術改良，剩下的任務 6 天就能完成。請問這 6 天中平均每天可以裝配多少輛？

{
裝配 690 輛

已經裝配 8 天，每天 45 輛

剩下的 6 天裝完

剩下的 6 天平均每天裝多少輛？

▲ 數學應用題審題括號圖

問題思考 這道應用題的已知條件和求解問題分別是什麼？

分析

　　繪本大師安野光雅在《美麗的數學》中提到，數學不限於數字、圖形，而是「認知和思考事物的方法」。數學思維就是把生活的一些問題，轉化為數學問題的思維，是一種能夠用數學觀點，去思考問題和解決問題的能力。

　　數學分析的主要任務，是透過假設、歸納、演繹、判斷、推理等一系列的思考，找出已知條件和求解問題之間的連結，從中發現解題思路。在分析過程中，需要思考以下問題：

- 看著求解問題，想一想，類似的問題，你以前見過嗎？
- 求解這個問題需要哪些條件？
- 有哪些可能用得上的定理？
- 如果這個問題不能完全解決，那能不能解決其中的一部分？
- 能不能從已知條件，推導出某些有用的新的已知數？
- 能不能改變求解問題或已知條件，或者兩者都改變，使新的求解問題和新的已知條件更接近？
- 是不是所有的已知條件都用到了？

　　八種思維導圖，皆為可視化思維工具。在分析數學問題的過程中，這八種工具無論是單獨使用，還是組合運用，都能有效幫助孩子思考，提高解題效率。

　　我們來看兩個例子。

例 1：用橋形圖推理演算

　　根據前兩個圓圈裡的四個數字，請問，第三個圓圈裡問號處應該填什麼數字？

$$\underline{3\times(2+4)}\overset{\triangle}{as}\underline{5\times(3+2)}\overset{\triangle}{as}\underline{3\times(4+6)}$$

$$18 \qquad\qquad 25 \qquad\qquad 30$$

RF： 　等於

▲ 找規律奧數題橋形圖

問題思考 觀察前幾組數字有什麼規律？根據這個規律，第三組數字該如何運算？

例2：用流程圖和因果圖結合，假設法解答雞兔同籠問題。

雞兔同籠共 35 隻，有足 80 隻，問：雞兔各有多少隻？

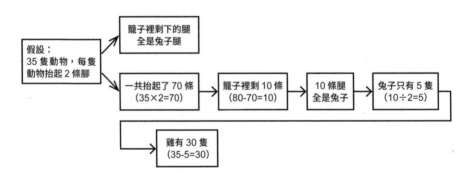

▲ 雞兔同籠分析流程圖

問題思考 在雞兔同籠問題中，如何從已知條件推導出未知問題？解題步驟是什麼？

說明

雞兔同籠問題的難處,是一個問題中包含兩個未知數,所以解題的關鍵是要找到新的條件,透過篩除,只留下一個未知數。這個分析中用到假設法。在假設條件「35 隻動物,假如每隻動物都抬起 2 條腿」下,結合隱含已知條件「兔子 4 條腿,雞有 2 條腿」,可以推算出一共抬起 70 條腿(35×2 = 70),並且推算出一個新的隱含已知條件「籠子裡剩下的腿,全部是兔子的腿」。根據這個新的已知條件,我們就更加接近最後答案,直接算出兔子的隻數就非常簡單了。

答題

經過前兩步找出解題思路後,第三步「答題」則要落實在運算實踐上。這一步主要考察的是對算法的比較和選擇,以及答題步驟的細緻性和規範性。

這一步常出現的情況是,算法的選擇不夠優化,導致運算失誤。或者答題步驟表述過於簡單,甚至只有答案沒有過程。這些問題使孩子在考試時,因為粗心而被扣分,非常可惜。

流程圖可以幫助孩子有條理地答題,規範答題步驟的表述。我們用兩個例子演示一下。

例 1:使用流程圖,解答計算題。

題目:$99 \times 12 + 100 = ?$

▲ 計算題解題步驟流程圖

問題思考　有沒有巧算的辦法?該按什麼順序計算?

例 2：使用括號圖，解答幾何題。

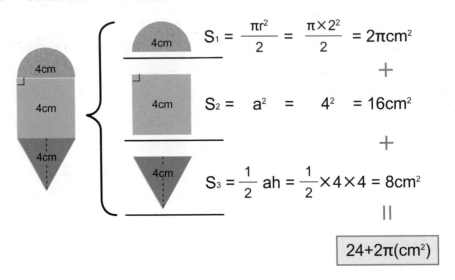

$$S_1 = \frac{\pi r^2}{2} = \frac{\pi \times 2^2}{2} = 2\pi \, cm^2$$

$+$

$$S_2 = a^2 = 4^2 = 16 \, cm^2$$

$+$

$$S_3 = \frac{1}{2} ah = \frac{1}{2} \times 4 \times 4 = 8 \, cm^2$$

$=$

$$24 + 2\pi \, (cm^2)$$

▲ 組合幾何圖形面積計算括號圖

問題思考　組合幾何圖形的面積由哪幾個部分構成？怎麼計算？

驗算

　　驗算就是原算式的逆運算，把解答結果代進原題中，和已知條件配合求解，驗證是否得到預計的結果。如果驗算結果不對，往往需要返回第三步，找到出錯的源頭，因此，假使第三步答題步驟表述得足夠清楚，檢查起來就會很有效率。反之，如果沒有養成良好的答題習慣，答題步驟不清楚，書寫潦草，就非常不利於驗算檢查。

思維導圖用於科學

科學源自人類對自然界奧祕的探索與總結。正如牛頓看到蘋果落地，會產生疑問，思考蘋果為什麼會向下掉一樣，幾乎所有的科學發現，都是人類觀察到某種自然現象後所產生的問題。

本節將會介紹幾個學習生物、物理和化學的典型例子，環繞科學問題思考流程（如下圖），幫助家長和孩子們了解，思維導圖如何應用於這三門自然學科的學習。

像科學家一樣的思考流程

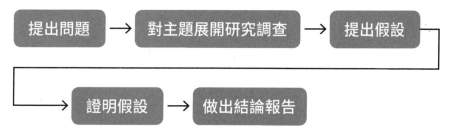

▲ 科學問題思考流程圖

💡 生物學

生物學是研究生命現象活動規律的科學，它既解釋了生物體的起源，又影響著生物體的演變之路。

孩子在小學階段，就會接觸到生物學研究的一個重要主題——動物和植物的生命周期。這個主題特別適合用流程圖來總結，看起來非常直觀，也更容易理解和記憶。

例1：用流程圖來研究蝴蝶的生命周期

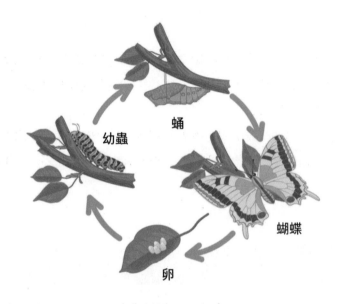

▲ 蝴蝶生命周期流程圖

問題思考　蝴蝶的生命周期會經過哪幾個階段？

例2：用因果圖分析光合作用

科學研究離不開科學實驗，而假設和因果推理是設計很多科學實驗的依據。如在研究植物光合作用的實驗之前，可以先用因果圖，對光合作用的產生原因和可能造成的影響做出分析，然後再根據假設設計不同的實驗條件，對其進行驗證。

參考資料　　　　　　　　**光合作用**

　　光合作用（Photosynthesis），是綠色植物利用葉綠素等光合色素，和某些細菌（如帶紫膜的嗜鹽古菌）利用其細胞本身，在可見光的照射下，將二氧化碳和水轉化為儲存著能量的有機物，並釋放出氧氣的生化過程。同時也有將光能，轉變為有機物中化學能的能量轉化過程。

　　植物之所以被稱為食物鏈的生產者，是因為它們能夠透過光合作用，利用無機物生產有機物並且貯存能量。經由食用，食物鏈的消費者可以吸收到植物及細菌所貯存的能量，效率為 10 ～ 20％ 左右。對於幾乎是所有的生物來說，這個過程是它們賴以生存的關鍵。而地球上的碳氧循環，光合作用是必不可少的。

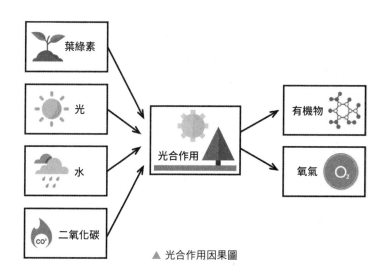

▲ 光合作用因果圖

問題思考　　哪些條件促使光合作用發生？光合作用後對自然界可能會產生哪些影響？

💡 物理學

物理學是研究物質運動最普遍的規律和物質基本結構的學科，注重對物質、能量、空間和時間的研究，尤其是它們各自的屬性與相互之間的關係。

思維導圖在物理學習中也是一位好幫手，我們來看兩個例子。

例 1：用樹形圖理解物質的三種狀態

使用樹形圖，區分物質的三種狀態（即氣態、液態和固態），識別每種狀態的特性，並尋找生活中的實例，能加深學生對「物質」概念的認識和理解。

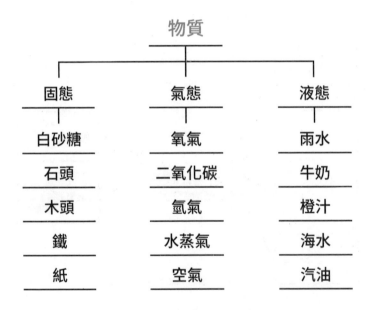

▲ 物質類型樹形圖

問題思考　常態為氣態、液態和固態的物質分別有哪些？

例2：用雙氣泡圖比較陶瓷器皿和鐵器皿

　　「比較異同」是科學調查研究中，常常用到的一個步驟，雙氣泡圖正好能擔此重任。例如下面這個例子，雙氣泡圖幫助孩子從三個物理特性——磁性、導電性和導熱性，來對陶瓷器皿和鐵器皿做比較，分析不同器皿的優劣之處。

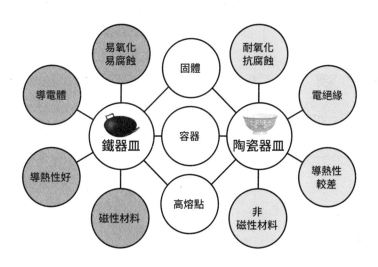

▲ 鐵器皿和陶瓷器皿比較的雙氣泡圖

問題思考　陶瓷器皿和鐵器皿在使用時各有哪些優劣之處？

化學

　　「化學」一詞，若單從字面解釋，就是「變化的科學」，主要研究不同化學物質之間的相互作用，因此，它也是一門特別強調以實驗為基礎的自然科學。

　　實驗在化學教學中占有十分重要的地位，它能幫助學生認識化學概念，理解和掌握化學知識。所以，正確掌握實驗的基本方法和技能非常重要。在做實驗之前，必須準確地設計步驟順序，任何不恰當的步驟順序，都會直接影響化學的科學研究結果。

例 1：下面是一個用流程圖表示化學小實驗步驟的例子。

「火山噴發」小實驗

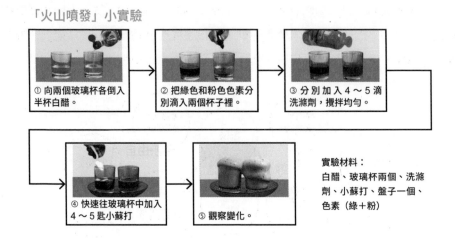

① 向兩個玻璃杯各倒入半杯白醋。

② 把綠色和粉色色素分別滴入兩個杯子裡。

③ 分別加入 4～5 滴洗滌劑，攪拌均勻。

④ 快速往玻璃杯中加入 4～5 匙小蘇打

⑤ 觀察變化。

實驗材料：
白醋、玻璃杯兩個、洗滌劑、小蘇打、盤子一個、色素（綠＋粉）

▲「火山噴發」實驗流程圖

問題思考 「火山噴發」的實驗分哪幾個步驟？

例 2：學習化學時，物質的元素構成是一個重要的知識點。使用表示整分關係的括號圖，可以幫助學生直觀地「看到」一種物質的組成結構，如空氣的構成成分。

參考資料 **空氣構成**

　　空氣是多種氣體的混合物。它的恆定組成部分為氧、氮，以及氬等稀有氣體；可變組成部分為二氧化碳和水蒸氣，因為它們在空氣中的含量，隨地球上的位置和溫度不同，在很小限度的範圍內會稍有變動。至於不定組成部分，則隨不同地區變化而有差異。例如，靠近冶金工廠的地方會含有二氧化硫，靠近氯鹼工廠的地方會含有氯等等。

　　此外，空氣中還有微量的氫、臭氧、一氧化二氮、甲烷以及或多或少的塵埃。實驗證明，空氣中恆定組成部分的含量百分比，在離地面 100 公里高度以內幾乎是不變的。以體積含量計，氧約占 20.95％，氮約占 78.09％，氬約占 0.932％。

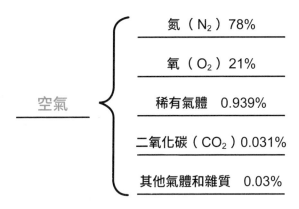

▲ 空氣的構成成分括號圖

問題思考　空氣的構成成分有哪些？

思維導圖與記憶力

在基礎教育階段，孩子的記憶力對學習成績的影響是非常直接的。因為這個階段主要在累積基本知識，如語文的古詩詞、數學的概念定理公式、英語的單字等。記憶力好的孩子往往事半功倍，不但成績優秀，還能省下不少時間進行課外閱讀和運動。思維導圖在幫助孩子提高記憶力方面，也有不凡的表現。

我們在第一章曾提到，科學家們按照記憶持續的時間長短，把記憶分為三類：

- 感覺記憶（Sensory memory）
- 短期記憶（Short-term memory）
- 長期記憶（Long-term memory）

其中感覺記憶接收到的訊息最多，但停留時間最短（0.25～4秒），感覺記憶如果沒有受到青睞，很快就會消失；只有那些被注意的訊息，才能進入短期記憶；短期記憶的持續時間要長些，但也很有限（15～30秒，最長不超過一分鐘）。

短期記憶有時也被稱為電話號碼式記憶，就像我們查到電話號碼後立刻撥號，通完電話，號碼就忘了。如果想要讓進入短期記憶的訊息不被遺忘，必須對這些訊息進行複述，可以大聲進行，也可以無聲、透過內部言語形式進行，或者和長期記憶裡的內容建立起某種連結，才能進入長期記憶（保存時間為幾天到幾年不等）。

因此，為了使更多有效訊息被記得住、記得久、想得起，我們需要在這三個

階段做出努力：

第一階段，感覺記憶中「抓住」，經由圖形、色彩，刺激身體各個感覺器官，讓訊息容易被孩子的眼球捕獲。第二階段，短時記憶中「留住」，透過理解，促使訊息進入長期記憶。第三階段，長期記憶中「鞏固」，經過歸納整理，使訊息存入長期記憶，增加其提取的高效性。

思維導圖作為一個可視化的思考工具，在這三個階段都能幫助孩子記憶。

抓住訊息

感覺記憶是第一關，如果訊息在這裡被忽略掉了，接下來就不必說了。在這個階段，那些越能刺激身體感覺器官的訊息，越容易被「抓住」，如顏色、圖形等。美國老師非常善於利用這點，設計教室裡的張貼海報，就是他們備課內容的一部分。思維導圖的八種圖示，就經常被他們用來整理孩子們正在學習的知識、正在精讀的繪本，然後貼在牆上，從視覺上抓住孩子的注意力。

另外，作為思維導圖的一個高階技巧，顏色增強（color enhancement），即從顏色上刺激孩子的視覺感官，增強訊息的視覺差異化和敏感度，可以非常有效地幫助記憶。

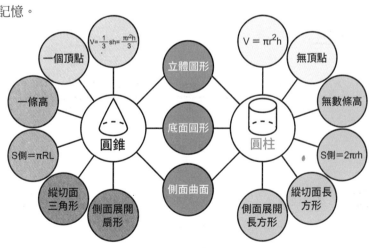

▲ 顏色增強的雙氣泡圖

💡 理解訊息

所謂理解，是指當提到某一訊息時，大腦能馬上想到和它有關的知識，知道它的應用或意義，了解它和其他知識的連結。理解訊息需要積極的思維活動，把握訊息的特點和內在各個部分之間的邏輯關係，以及它與已知的知識經驗之間的聯繫，使其融入、豐富或擴展現有知識結構體系。

選擇合適的思維導圖，如橋形圖和雙氣泡圖，讓新舊知識建立連結，能幫助理解訊息，促進記憶。

例1：用橋形圖連接新舊知識來理解訊息

既然在新舊知識之間建立連結，是理解記憶重要的一環，那麼經過和原有知識的類比聯想，串起有意義的聯繫，就能有效幫助記憶新知識。

如中國有23個省、4個直轄市、5個自治區，以及2個特別行政區，每個省級行政區都有自己的簡稱，一下子全部記住不太容易。利用橋形圖類比連接和無限延展的特點，我們可以從熟悉的北京、上海開始，逐步找到其他省級行政區及其簡稱，並添加到橋形圖上，讓新舊知識在可視化的圖形上融為一體。

RF：省會簡稱

▲ 省會簡稱橋形圖

問題思考 北京的簡稱是「京」，上海的簡稱是「滬」，那麼天津的簡稱是什麼？你還知道其他哪些省級行政區的簡稱？

例 2：用雙氣泡圖做比較加深理解

　　理解記憶的另一種做法是比較。常言道，有比較才有鑑別，有鑑別才好區分。對於相近、相似的字詞或者概念，我們可以經由對比找出它們的異同之處，不但有助於理解，還能使訊息納入知識結構系統，形成長期記憶。

　　唐詩宋詞都是文化瑰寶，我們可以使用雙氣泡圖，從形式、格律、情感和代表詩人多個方面進行比較，找出兩種文學體裁的相同和不同之處，讓我們對兩種古體詩的特點，有更細緻的把握和記憶。

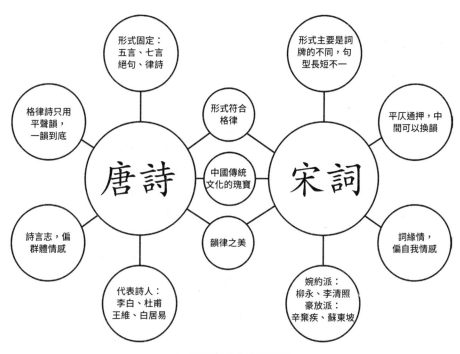

▲ 比較唐詩宋詞雙氣泡圖

問題思考　唐詩和宋詞有什麼相同和不同之處？

💡 組織訊息

經過前兩個階段，感官記憶抓住和在工作記憶區留住，已經能讓訊息存入永久記憶了。但是如果沒有做整理，時間長了難免趨於雜亂。所以，就如同屋子需要定期打掃一樣，訊息也需要定期整理，以提高永久記憶中儲存和提取的效率。

孩子們平常的每日小結、每周小結，以及期中和期末的複習，都是在整理知識。在這些複習整理中用到思維導圖，能發揮事半功倍的效果。我們用三個例子來了解一二。

例1：用括號圖做英語期末複習

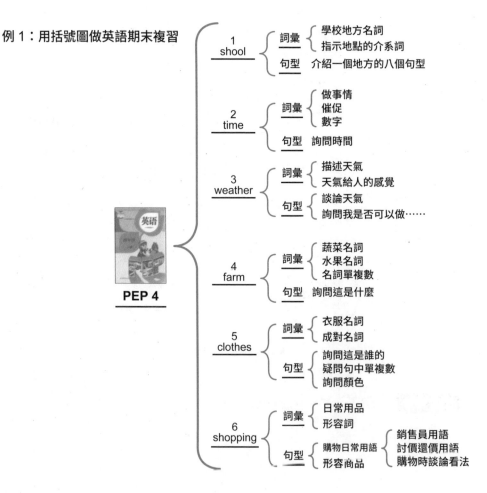

▲ 小學英語期末複習括號圖

問題思考　你目前學到的英語，包括哪些知識點？

例2：用橋形圖背誦詩歌

　　我們的手

　　我們的手，是電線，在爸爸和媽媽之間傳遞著光，讓他們的幸福像燈一樣明亮。

　　我們的手，是橋，跨越海洋，在陸地和陸地之間傳遞彼此的問候。

　　我們的手，是船，在心靈和心靈之間托起潔白的帆。

　　我們的手，是小鳥，在星辰和星辰之間歡樂地飛翔。

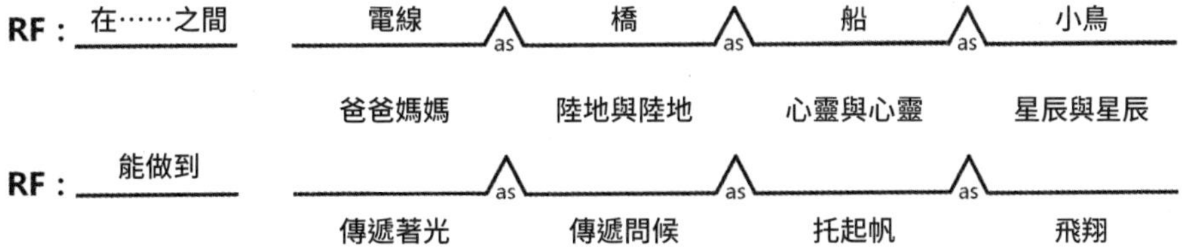

RF：在……之間	電線	as	橋	as	船	as	小鳥
	爸爸媽媽		陸地與陸地		心靈與心靈		星辰與星辰
RF：能做到		as		as		as	
	傳遞著光		傳遞問候		托起帆		飛翔

▲ 背誦課文橋形圖

問題思考　手可以被比擬成哪些事物？為什麼？

例 3：用樹形圖整理線和角的知識

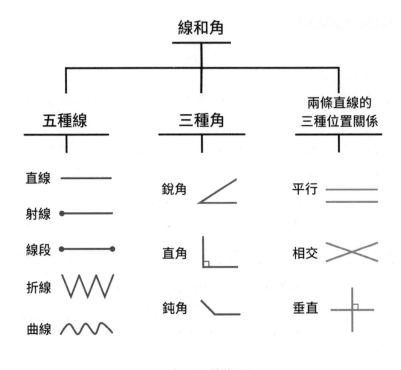

▲ 線和角分類樹形圖

問題思考　我們認識的線和角有哪些？

用 Mind Map 整理訊息

　　第三章有介紹另一種類型的思維導圖——Mind Map，也就是「心智圖」。Mind Map 以發散聯想思維為基礎，將描述、分類、整分等多種思維類型，融合到一種圖示裡，非常適合整理複雜訊息、做複雜的筆記和記憶複雜的知識。這一特點，讓 Mind Map 在全球許多企業和成人學習中得到廣泛的應用。

　　隨著學齡的升高，孩子們需要記憶和歸納總結的知識，越來越抽象和複雜。具有良好思維基礎者，不妨嘗試一下 Mind Map，用它來從事複習整理、讀書筆記和文章構思等工作，會有很好的效果。

例1：使用 Mind Map 做讀書筆記

　　《小王子》是法國作家安托萬 · 迪 · 聖-修伯里，於 1942 年寫成的著名兒童文學短篇小說，講述來自外星球的小王子，在出發前往地球的過程中，所經歷的各種波折。作者以孩子的眼光，透視出成人的空虛、盲目、愚妄和死板，用淺顯天真的語言，寫出人類的孤獨寂寞、沒有根基而隨風流浪的命運。同時，也表達出作者對金錢關係的批判，對真善美的謳歌。

　　一名四年級同學精讀《小王子》一書後，從小王子的身分、感情線索，以及他在地球和其他六個星球的見聞等幾個方面，整理出故事的關鍵訊息，在 Mind Map 的幫助下，將一本數萬字的小說之故事脈絡擷取出來。

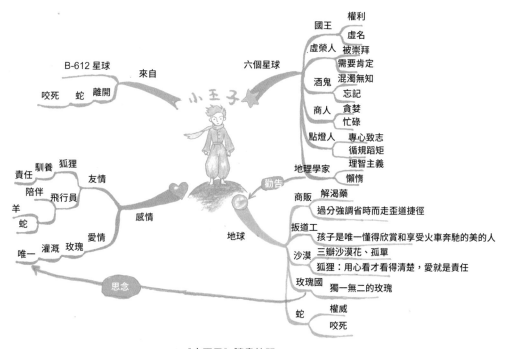

▲《小王子》讀書筆記 Mind Map

例 2：用 Mind Map 記憶英語單字（聯想記憶法）

學習英語單字，聯想記憶法是一種有效的速記法。根據聯想方式的不同，還可以細分為相似聯想記憶法、同義聯想記憶法、組合變形聯想記憶法等，這些記憶方法和 Mind Map 結合起來，可快速記憶單字。

下頁這個 Mind Map 圖示，以「at」為中心，向四周自由發散。前面增加一個「at」，可以構成哪些單字呢？於是第一層級聯想到 fat、hat、rat、bat，接著在第二層級，於後面增加字母，繼續疊加聯想出更多單字。繼續下去，還可以到第三層級、第四層級，孩子在不知不覺中，重新熟悉或者學習了幾十上百個包含有「at」的英語單字。

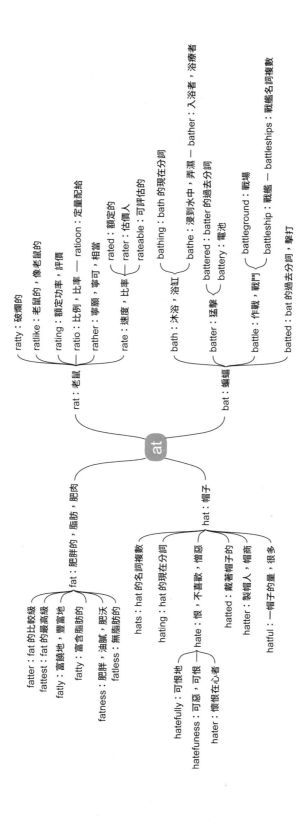

▲ 記憶英語單字 Mind Map

at

rat：老鼠
- ratty：破爛的
- ratlike：老鼠的，像老鼠的
- rating：額定功率，評價
- ratio：比例，比率 — ratioon：定量配給
- rather：寧願，相當
- rate：速度，比率
  - rated：額定的
  - rater：估價人
  - rateable：可評估的

bat：蝙蝠
- bath：沐浴，浴缸
  - bathing：bath 的現在分詞
  - bathe：浸到水中，弄濕 — bather：入浴者，浴療者
- batter：猛擊
  - battered：batter 的過去分詞
  - battery：電池
- battle：作戰，戰鬥
  - battleground：戰場
  - battleship：戰艦 — battleships：戰艦名詞複數
- batted：bat 的過去分詞，擊打

fat：肥胖的，脂肪，肥肉
- fatter：fat 的比較級
- fattest：fat 的最高級
- fatly：當饒地，豐富地
- fatty：富含脂肪的
- fatness：肥胖，油膩，肥沃
- fatless：無脂肪的

hat：帽子
- hats：hat 的名詞複數
- hating：hat 的現在分詞
- hate：恨，不喜歡，憎惡
  - hatefully：可恨地
  - hatefuness：可惡，可恨
  - hater：懷恨在心者
- hatted：戴著帽子的
- hatter：製帽人，帽商
- hatful：一帽子的量，很多

211

Chapter

5

能想才會做

　　上一章的內容，主要是思維導圖在孩子學科學習裡的幫助；在這
一章裡，我們會分享三個綜合使用思維導圖，解決複雜任務的案例，
結合具體的生活學習場景，來介紹思維導圖組合圖（Combo Maps）
的幾種用法。我們將會看到，孩子組合多個不同的思維導圖，靈活解
決不同主題的實踐任務。

美國紐約行程規畫

提起帶孩子出國旅遊，不少家長的第一個感覺，就是要解決旅途中孩子的各種麻煩，壓力很大，疲憊多於快樂。不過換個角度來看，旅行會有很多地方需要計畫、選擇、做決定，或者學習與思索，所以這是培養孩子綜合素質、鍛鍊思維能力、促進成長的絕佳機會。

叮噹媽媽在學習完思維導圖後，就把它用到他們家的暑期紐約行中，有意識地引導叮噹，在不同場景下藉由思維導圖來解決問題。短短的三天行程，媽媽發現叮噹比以往幾次旅行，有更多的思考和收穫。

我們一起來看看，思維導圖在叮噹紐約行中的實際運用吧！

🔆 行程安排

用圓圈圖列出候選景點

幾乎每個孩子都喜歡旅遊，去不同的地方，看不一樣的人和風景，孩子們能從中找到無窮的樂趣。

在確定將紐約作為美國東部旅遊第一站之後，媽媽為叮噹找了一些介紹紐約的旅遊書籍和視頻，作為參考資料，讓他讀完後，用圓圈圖來列出他想參觀的景點有哪些。

▲ 紐約景點圓圈圖

　　小朋友的視角很特別，他的圓圈圖上除了熱門景點，竟然還列出「上城區」、「中城區」和「下城區」這三個有名的紐約曼哈頓城區。聽叮噹講，上城區是富人區，也是世界富豪雲集的區域，到了紐約，一定得去那裡四處走走，看看美國有錢人的生活環境是什麼樣的。

　　另外，在中城區，有一種街邊餐車叫賣的熱狗，據說是當地的著名小吃，既然來到紐約，這種便宜的平民美食也要品嘗一下。從這些細節的安排，不難看出小叮噹確實有認真做功課。

用雙氣泡圖做景點選擇

　　摩天大樓是紐約的城市風景之一。在曼哈頓林立的水泥叢林中，帝國大廈和新世貿中心（又名「世貿中心一號大樓」，在 911 世貿中心遺址上重新修建的摩天大樓），都是旅遊手冊上推薦的景點，連門票價格都是一樣的—— 26 美元。其中，帝國大廈因上百年的悠久歷史，以及在好萊塢大片中頻繁出鏡而聞名世界，

而新世貿中心則重建於舊世貿中心遺址，樓宇設施比帝國大廈更高、更先進。

　　兩棟摩天大樓特點不一，都去現場看看當然最好，只可惜這次在紐約停留的時間有限，叮噹一家不得不選擇其中一個。選擇前，需要先做比較。於是媽媽請叮噹用雙氣泡圖思考，幫助家人做出這個重要的決定。

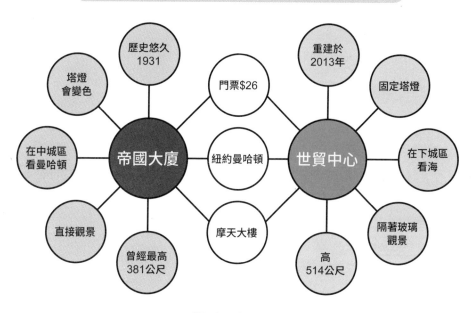

▲ 雙氣泡圖比較兩個景點

　　叮噹不負眾望，在雙氣泡圖的協助下，對兩個景點做了透徹的比較，建議選擇帝國大廈。為了說明這項選擇，叮噹還補充兩個理由：第一，帝國大廈更好看──塔頂上的彩燈會定期更換；第二，位於中城區，有著俯瞰曼哈頓的最佳視角，而新世貿中心在臨海的下城區，視角自然要差一些。既然是旅遊，我們當然要找到欣賞風景最棒的角度啦！看，這兩個理由，是不是非常充分？

用流程圖做行程安排

選定了紐約的參觀景點，在安排三日行程之前，媽媽問叮噹對行程路線有什麼建議，小朋友思索片刻，提了一個聰明的想法：參考 google 地圖來規畫路線！

在地圖上，媽媽和叮噹找到了打算前去參觀的幾個景點。但它們之間的距離可不算近：中央公園、大都會博物館位於上城區，帝國大廈在中城區，自由女神像位於下城區。上城和中城最近的兩個地點，乘坐地鐵需要半小時，從最遠的上城區到下城區，乘地鐵甚至需要一個半小時。

現在問題就來了，想要參觀位於三個城區的所有景點，按什麼順序參觀才最合理呢？

▲ 紐約三日行行程安排

叮噹和媽媽對曼哈頓地圖、周邊酒店和交通，做了一番仔細研究後，最後擬定的方案是，住紐約中城區的酒店。第一天先就近參觀帝國大廈，順便去附近的時代廣場和杜莎夫人蠟像館走走；第二天到上城區的中央公園和大都會博物館，這是非常耗時的兩個景點，特別是後者，作為世界四大博物館之一，裡面的收藏品包羅萬象，待上一整天也不為過；第三天前往下城區參訪自由女神像，順路經過華爾街和著名的銅牛，拍一些照片。三天紐約行，這樣的安排最節省時間。

旅行收穫

用氣泡圖描述中央公園

中央公園座落在高樓林立的紐約曼哈頓中心，是繁華都市中一片靜謐休閒之地，有「紐約後花園」的美稱。在欣賞優美風景的同時，媽媽細心地抓住時機問了叮噹一道思考題：哪些形容詞，可以完美地描述出中央公園的特色呢？

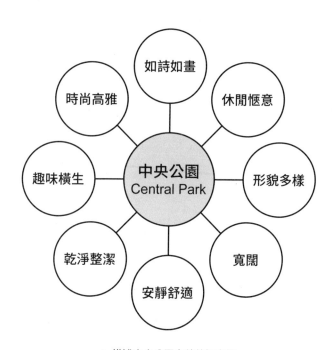

▲ 描述中央公園之美的氣泡圖

叮噹說，中央公園算是世界上「最巨大」的城市花園了，據說它的大小，相當於四百多個足球場呢。在中央公園裡，有湖泊、有森林，也有草坪，甚至還有幾個動物園，「形貌多樣」，「如詩如畫」。在這些人造景觀中，有的遊客在騎車，有的在野餐，有的坐在草坪上邊曬太陽邊聊天，一看就特別「休閒愜意」。對了，

小傢伙還記得在那兒碰巧看到一場露天歌劇表演，他脫口而出，說紐約人生活得既「時尚高雅」，又「趣味橫生」。

不得不說，這個小鬼對中央公園的描述真是蠻貼切的。

用因果圖總結自由女神像的前世今生

一家人在登上自由島，參觀自由女神像的時候，導遊介紹說，這座九十多公尺高的巨大雕像，是 1876 年美國獨立 100 周年時，法國贈送的禮物，於 1886 年落成。女神像的設計很有寓意，她頭戴冠冕，皇冠上七道光芒象徵七大洲，右手高舉自由火炬，左手捧著刻有 1776 年 7 月 4 日的《獨立宣言》，因為這些特色，自由女神像成為美國爭取民主、嚮往自由的世界性標誌，1984 年還被列入世界文化遺產。

在回國的飛機上，媽媽請叮噹把有關自由女神像的前因後果小知識，用因果圖畫出來，沒想到小朋友竟然記得八九不離十。看來這一趟紐約行，孩子收穫滿滿，非常值得！

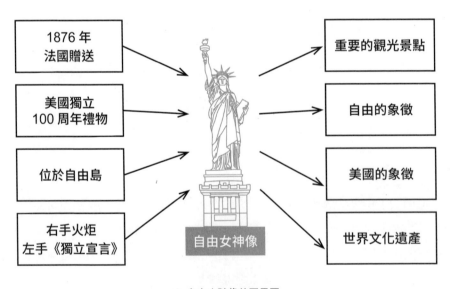

▲ 自由女神像的因果圖

💡 旅遊心得

　　親子旅遊，雖然在行走途中需要注意和打理的瑣事、煩事不少，但有很多寓教於樂的好機會。家長可以和孩子商量共同規畫行程，一起感受不同的風土人情，學習各地的文化歷史知識；這樣不但能拉近親子關係，還能適時用上思維導圖幫助孩子整理想法，全方位鍛鍊孩子的思維，讓他擁有課本上學不到的軟實力。

放學後的時間管理

💡 時間管理的重要性

拖延症是孩子們常見的毛病。馬上就要出門了，他還在拖拖拉拉，半天收拾不好；放學回家已經好幾個小時了，作業還沒寫完，吃飯也慢吞吞的。看到孩子這些行為，家長們總是著急、使勁催，但他就是一點也不急，只想按照自己的節奏去做事。每每碰到這種情況，家長都想抓孩子去學習時間管理。

不過，在此之前，先得讓孩子明白，為什麼要管理時間？

孩子喜歡拖延是有原因的，還會帶來不好的影響。作為家長，我們應該先讓他充分認識拖延的後果，再和他溝通產生拖延行為的原因。只有了解孩子的問題和需求，才能幫助他想出有效的對策。

我們不妨畫個因果圖，對孩子的拖延症做個因果分析。

一位媽媽帶著孩子，一起分析做事拖拉產生的原因和帶來的影響後，畫出下面這個因果圖。

孩子回憶自己以前因為拖延而出現的一些問題，並進一步分析可能造成的長期後果，「惡性循環，表現越來越差」、「錯過重要的事情」等等。

而在導致拖拉的七個原因中，除了「精力不足」和「害怕做錯」這兩個，和孩子的生理和心理狀態有關聯外，其餘五個：任務太重、不了解做事目的、習慣性依賴別人、優先順序不一致、認為有的是時間，歸根究底，都是因為孩子缺乏時間意識，沒有養成時間管理的好習慣。

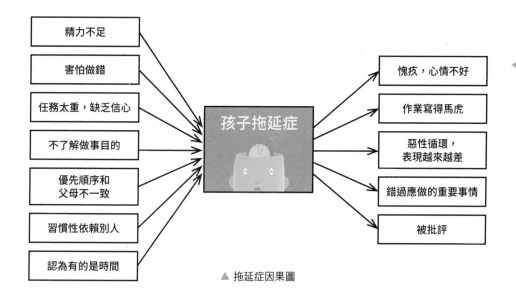

▲ 拖延症因果圖

時間管理三步驟

透過因果分析，孩子已經感受到改正拖延習慣的迫切性，進一步了解時間管理的重要性，那麼，到底該怎麼做呢？分享一個簡單易行的時間管理三步驟如後述。

羅列事項、整理清單和製作日程表，用三步驟來規畫時間，幫助孩子樹立時間觀念，學會根據每件事情的輕重緩急來合理利用時間，高效做事。

一個二年級孩子結合思維導圖來實施三步驟，制訂自己放學後的時間計畫，我們來看看下面這個例子。

第一步：羅列事項

在孩子計畫時間、製作日程表之前，很重要的一步是，先讓孩子想清楚自己要做哪些事情。如果對自己要做什麼事都沒有清楚的認識，那所謂的時間計畫就無從談起了。如果孩子是初次接觸時間管理，家長可以先帶著他，使用圓圈圖把

想法和意見都記錄下來，讓他感覺到自己擁有發言權，且想法是被尊重的。在腦力激盪的過程中，爸媽可以採用提問的方式，鼓勵他全面思考要做的事情。

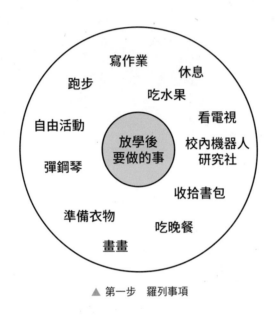

▲ 第一步　羅列事項

　　和用圓圈圖羅列事項類似，美國學校在放暑假之前，也會讓孩子做一項有趣的活動——製作「人生目標清單」（Bucket list），把自己在暑假裡「想做的事情」、「想去的地方」、「想見的朋友」通通列出來，放進各式各樣的「小桶」，其實這項活動，也是在幫助孩子去思考和制訂自己的暑期計畫。

第二步：整理清單

　　列出所有事項後，我們還應該帶著孩子去做評估分類：在這麼多事情裡，哪些是我需要做的？哪些是我想要做的？

　　「需要」和「想要」是兒童財商教育裡提到的兩個重要概念，需要＝我們生存需要的東西，想要＝我們想要擁有的東西。把這兩個概念套用到時間管理後，就能得出：

「需要」做的事情，是指那些必須要做的、能維持我們正常生活的、符合學習要求的重要事情，一般包括：

· **家庭責任**

· **學校作業**

· **睡覺、吃飯和個人衛生**

「想要」做的事情，就是我們內心渴望去做的、能讓自己感到開心的事情，例如：

· **參加活動：看電影或欣賞畫展，參加興趣活動等等**

· **和朋友一起玩或自得其樂等等**

在這裡，我們並沒有採用時間管理方法學中通用的「四象限法則」——按事情的重要性和緊迫性來做分類，而是利用「需要」和「想要」這兩個標準，來對事情分類，更易於孩子理解和辨識，在時間管理的實際操作中更加容易上手。

這個時候，樹形圖就派上用場了。

用樹形圖做事件分類，幫助孩子清楚認識到，哪些事情是需要做的，哪些事情是自己想要做的，進而幫助他正確評估每件事情的重要程度。

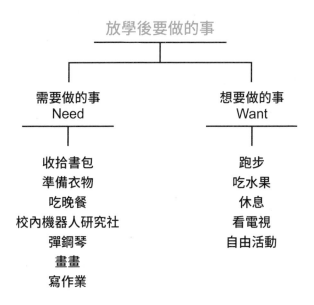

▲ 第二步 分類整理樹形圖（第一版）

接下來，我們可以遞給孩子一支麥克筆，讓他在現有的樹形圖上，對內容做篩選，該刪的刪，該加的加，甚至根據需要做合併（如把「休息」和「晚餐」合併，變成「晚飯後休息」，效率就更高些）。給自己喜歡的事情畫一個笑臉，不喜歡的事情畫一個哭臉。透過刪減和增補，以及評判喜好程度，孩子會有意識地對所列出的事項做搭配，家長也要提醒他儘量做到勞逸結合、動靜穿插。

如果在這個樹形圖上，一眼看過去都是自己不喜歡的事情，那家長就要引導孩子回到第一步，重新用圓圈圖做發散思考，進行調整。

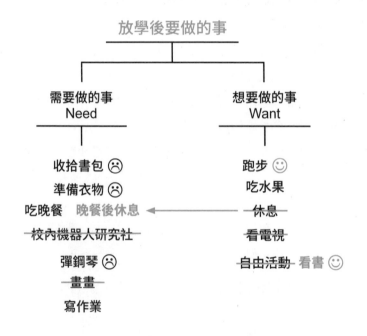

▲ 第二步 分類整理樹形圖（第二版）

如下圖所示，在對所列出的事情進行分類整理，也做過篩選和調整之後，我們就可以引導孩子使用括號圖來制定「今天放學後的任務清單」了。

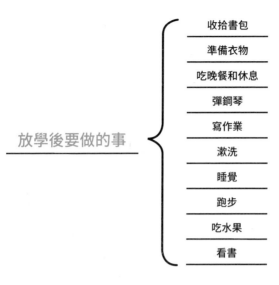

放學後要做的事

收拾書包

準備衣物

吃晚餐和休息

彈鋼琴

寫作業

漱洗

睡覺

跑步

吃水果

看書

▲ 第二步 放學後的任務清單

另外，對於一些已經具有良好時間觀念，能熟練進行任務分類的孩子，他們可以跳過羅列事項和整理清單兩個環節，直接使用括號圖來列出一天要做的事情，下圖是逃逃小朋友自製的新年前夕任務清單（To Do List）。

To do List for New Years EVE

新年前夕要做的事

play games 玩遊戲

看電影、吃爆米花

yum yum! 吃好吃的

Read a book 讀書

photo time 拍照

New Years countdoan
新年倒數計時

▲ 第二步 美國小朋友自製的任務清單

第三步：制定日程表

有時候我們會發現，即使孩子列完事件清單，但做起事來仍然會手忙腳亂，還特別容易漏掉一些事情。出現這種情況的原因，就在於孩子沒有安排出做事情的順序。

怎樣安排生活中林林總總的順序呢？有一個通用原則就是「要事優先」。首先，家長要引導孩子，先集中安排那些「需要」做的事情，也就是占據時間最多的大事。在剩餘時間裡，穿插一些小事、雜事，以及自己「想要」做的事情。

其次，既然是做時間管理，那就需要預估出完成每件事情的時間長短。在預估的時候，一般計畫的時間要比實際耗費的多出 20%，甚至 50%，這樣來規畫可以讓我們在做每件事的間隙，有放鬆的餘裕，更加從容，也有利留出時間處理突發情況。

另外，在現實生活中，有一些事情的發生時間是相對固定的，如看電影的時間，睡覺的時間，所以在制定日程表的時候，可以先安排時間相對固定的事情，再靈活地填補其他空缺。

流程圖能可視化地表示出先後次序，是我們在制定日程表時的不二選擇。在下面二年級小學生制定的「今天放學後的日程表」例子中，就用流程圖把自己放學後要做的事情，都做了有條理的安排。

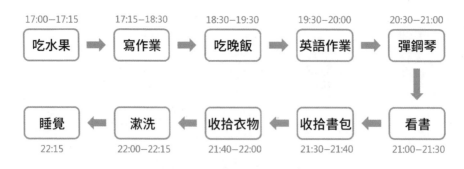

▲ 第三步 今天放學後的日程表（第一版）

此外，小學生在制定日程表的過程中，常常出現的一個問題是，任務過於籠統。如上述日程表中出現兩個「寫作業」，家長就要提醒孩子，把任務做進一步拆分，可以把「寫作業」拆分成語文、數學和英語作業，然後再合理地安排在日程表中。

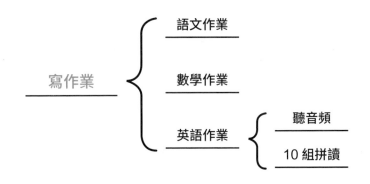

▲ 第三步 「寫作業」任務拆分

在新版日程表上，孩子回家要寫三科作業，按什麼順序寫，計畫寫多長時間，需要完成的量，都有更清晰的安排，如果按這個日程表執行也會更加高效。

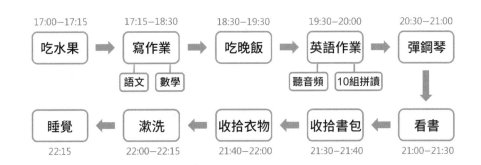

▲ 第三步 今天放學後的日程表（第二版）

💡 總結

從 To Do List 到日程表，這個過程對剛接觸時間管理的孩子來說，可能有點麻煩，需要花費許多功夫去思前想後。但持續一段時間，孩子會逐漸熟稔，掌握一些規律後，他會發現，並非每天都需要專門制訂計畫。孩子學習時間管理的關鍵，是培養合理分配時間的意識。在他執行日程表的過程中，父母也可以幫他分析，哪些事情還可以完成得更有效率，占用的時間更少。

總而言之，在做時間管理時，要盡量將自己的生活安排得豐富多彩，又不至於太過緊張，這樣孩子才能逐漸感受到時間管理的好處和樂趣。

科學創客──智能作業本

在青少年科創項目中，綜合運用各種思維導圖，能啟發孩子思考多種解決問題的方法，培養其創造力和學習力。

作業本是學生書寫、練習和老師批改都會用到的一項資源。傳統的作業本是紙質的，各科疊起來放進書包後，書包不僅被塞得滿滿的，背起來也很重。能不能設計出一種「智能作業本」，既方便學生寫作業，提升學習效率，又能幫助老師快速進行批改和輔導，提升工作效率呢？

針對這個問題，老師帶領一群四、五年級的孩子們，在項目式學習（PBL，Project Based Learning）的框架下，對它進行分析討論、查找資料、探索學習、深入思考。讓我們來欣賞一下老師和孩子們的精彩之作吧。

📍 項目流程

對初次接觸科創項目的孩子而言，一個描述清晰的產品設計工作流程圖，可以幫助他們快速理解設計一個產品涉及哪些方面，需要先做什麼，後做什麼。

產品設計工作流程

▲ 產品設計工作流程

💡需求分析

產品源自需求。所以設計一個產品的第一步，是要分析目標用戶的需求，老師問了孩子們三個問題：

1. 現在的作業本用起來怎麼樣？
2. 現在的作業本有什麼不方便的地方？
3. 你最希望作業本有哪些新功能？

孩子們不僅結合自己的親身經歷，思考了平常在使用作業本時遇到的問題，還在校園裡展開問卷調查，詢問各科老師和其他同學，在使用現有作業本時，碰到哪些麻煩。一番調查和思考過後，孩子們使用因果圖，分析了智能作業本的目標用戶（即學生和老師）之體驗和需求。

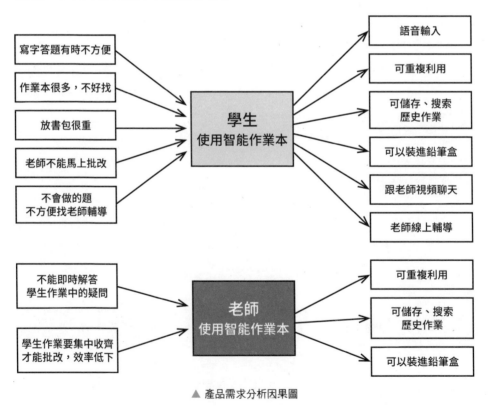

▲ 產品需求分析因果圖

💡 項目定義

經過需求分析可以確認，「智能作業本」不僅是一個看起來很酷的創意想法，也將會是符合學生和老師們「需求」的產品，非常值得投入時間和精力，把它設計出來。

現在是正式啟動這個項目的時候了。在老師的指導下，孩子們使用樹形圖，完成了項目定義。

在項目定義樹形圖上，孩子們計畫了「智能作業本」的目標產出物，規畫項目的開始時間和結束時間，經過討論確定了團隊成員和分工，以及在設計過程中將要用到的工具。

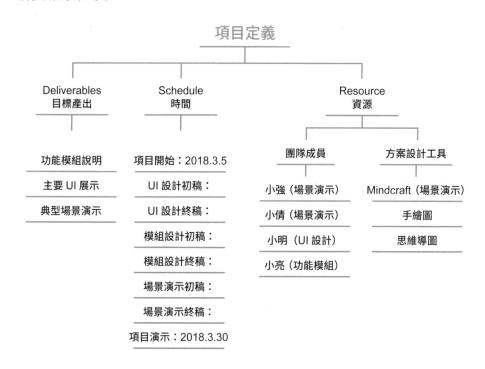

▲ 智能作業本項目定義樹形圖

💡 產品定義

團隊成員展開腦力激盪，先使用圓圈圖做發散聯想，然後結合樹形圖，分類整理出「智能作業本」在功能、UI 和外觀三個方面的主要特色（feature）。

▲ 智能作業本產品功能點腦力激盪

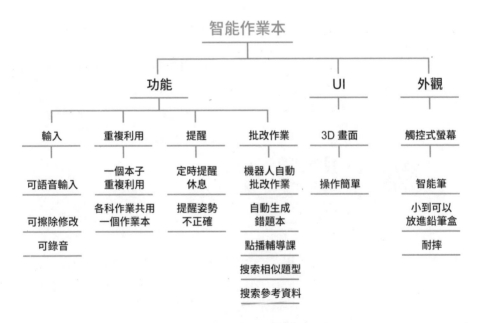

▲ 智能作業本產品定義樹形圖

💡 設計 UI 風格

在產品設計中，UI 人機界面互動的設計是非常重要的一環，它關係到產品給用戶的第一印象，在很大程度上，也決定用戶是否願意繼續使用這個產品。經過細緻的推敲，孩子們使用氣泡圖構思了智能作業本 UI 的設計風格。

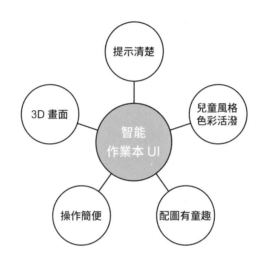

▲ 智能作業本 UI 風格描述

除了 UI 設計的總體風格，孩子們對色調選擇，也做了大量的調查工作。如他們查閱了《色彩設計》等專業書籍，用橋形圖整理出三類色彩的配色寓意，從中挑選最適合智能作業本的色調。

▲ 產品設計裡的色彩設計參考

💡 技術方案選擇：VR 還是 AR

在考慮如何實現「3D 畫面」這個炫酷的功能時，孩子們想到兩種技術，一種是 VR（Virtual Reality，虛擬現實），另一種是 AR（Augmented Reality，增強現實）。究竟哪一種更適合智能作業本呢？他們開始在網路上查閱，與 AR、VR 相關的各種科普資料，如下。

AR 技術

AR 技術是電腦在現實影像上，疊加相應的圖像技術，利用虛擬世界套入現實世界，並與之進行互動，達到增強現實的目的。

AR 通常是透過頭戴式設備實現的，其中最著名的是 google 眼鏡。AR 中的關鍵詞是「功能（Utility）」，這項技術讓用戶在觀察真實世界的同時，能接收和真實世界相關的數字化訊息和數據，從而對用戶的工作和行為產生幫助。

一個典型的應用場景：當用戶戴著 AR 眼鏡，看到真實世界中的一家餐廳，眼鏡馬上會顯示這家餐廳的特點、價格等資訊。前提是你本人就在餐廳前面，這是真實的餐廳，而不是虛擬的餐廳。

VR 技術

VR 技術是在電腦上生成一個三維空間，並利用這個空間，提供使用者關於視覺、聽覺、觸覺等感官的虛擬，讓其彷彿身臨其境。

VR 目前需要用戶佩戴「頭戴式顯示器（Head Mounted Display，HMD）」。最大的突破就是「沉浸感」，因此目前的 VR 技術，也被稱為沉浸式虛擬現實技術。最典型的例子是 VR 遊戲或 VR 直播，例如一場 VR 演唱會直播，你自己根本不在現場。

💡 區別

以上只是兩者在概念上的區別，其實辨別它們只需要把握一點就夠了，你看到的是真實的（AR）還是虛擬的（VR）。

VR，首先需要擋住用戶視線；AR 則不用，而是在現實中出現虛擬內容。

VR 技術透過各種硬體（包括頭盔、把手等）的佩戴，使體驗者進入一個完全虛擬的世界；AR 技術通常是以透過式頭盔，以現實場景為基礎，產生虛擬影像。

💡 應用

VR 已打入各行各業，如醫療、教育、軍事等。

除上述提及的 AR 眼鏡外，在我們的日常生活中，也見到許多 AR 應用，如 AR 量尺、AR 宣傳冊等，也是當前常見的 AR 小工具。

然後，孩子們用雙氣泡圖，總結了兩種技術的相同和不同之處。經由比較分析，VR 技術是讓使用者進入一個完全虛擬的世界，而 AR 技術則是將虛擬與現實事物相結合，和現實有一定的互動性，更適合作為智能作業本的技術方案。

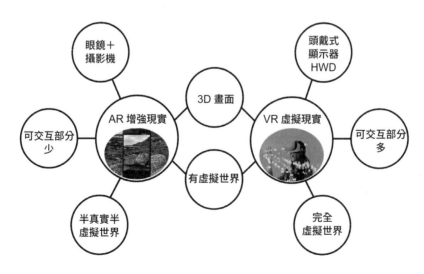

▲ 技術方案選擇 AR VS VR 雙氣泡圖

💡 功能模組構成

經過大半個月的討論與修正，智能作業本硬體和軟體的設計，開始初見雛形。在老師的指導下，孩子們使用括號圖，從智能產品需要考量和把握的幾個主要方面進行思考，對產品設計的細節做了內部審核。

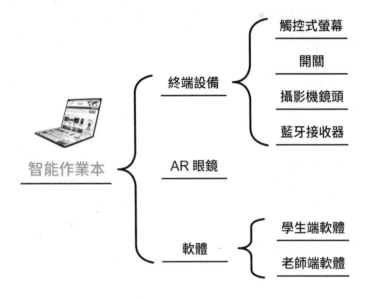

▲ 智能作業本產品模組構成（註：此括號圖為簡化版。）

💡 總結

在科創項目的學習過程中，孩子們置身於一個開放性的題目，對特定問題進行思考，不斷刷新和提升自己的認知，在實際操作和團隊合作中獲取知識、鍛鍊技能，其中最核心的部分，是他們「主動地探究真實世界的問題」，將自己所掌握的知識和真實世界建立起連結，明白自己為什麼而學。這也是PBL項目式學習，越來越受到關注的原因，在美國、北歐，很多學校已經開始把PBL項目式學習應用於課堂上，為了孩子的將來，我們一起努力。

國家圖書館出版品預行編目 (CIP) 資料

思維導圖：有意識地思考 / 楊瑜君 , 萬玲著 . -- 初
版 .
-- 臺北市 : 沐光文化 , 2020.03
　　面；　公分

ISBN 978-986-98288-3-3(平裝)

1. 思考 2. 學習方法
176.4　　　　　　　　　　　　　　　109000994

思維導圖：有意識地思考

作　　　者　楊瑜君 、萬玲
封 面 設 計　謝捲子
內 頁 排 版　游萬國
主　　　編　羅煥耿
總 編 輯　陳毓葳
出 版 者　沐光文化股份有限公司
發　　　行　沐光文化股份有限公司
　　　　　　台北市大安區安和路 2 段 92 號地下 1 樓
　　　　　　E-mail：sunlightculture@gmail.com
印　　　製　呈靖彩藝有限公司　電話：(03)322-7195
總 經 銷　大和書報股份有限公司
　　　　　　電話：(02)8990-2588　傳真：(02)2299-7900
　　　　　　地址：新北市五股工業區五工五路 2 號
　　　　　　E-mail：liming.daiho@msa.hinet.net
定　　　價　360 元
初 版 一 刷　2020 年 3 月
缺頁或裝訂錯誤請寄回本社更換。